JOHANNES VOM KREUZ

Weisheit und Weisung

Die Aphorismen
und andere Kurzprosa

Neu übersetzt
und aus heutiger Sicht erläutert
von Erika Lorenz

KÖSEL

Mit 20 Abbildungen:

S. 27, 56, 66, 86, 118, 131, 143, 161, 169 – Rosmarie Pierer, Hamburg.

S. 16, 18, 34, 92 – Edition facsimíl de los *Dichos de luz y amor* escritos por San Juan de la Cruz. Sectura de los mismos comentario y guión biográfico, hrsg. von Tomas Alvarez, Valentin de la Cruz, Editorial La Olmeda, S.L. Burgos 1991.

S. 2, 10, 46/47, 103, 179 – aus Erika Lorenz, *Teresa von Ávila*. Eine Biographie mit Bildern, Herder, Freiburg 1994.

S. 75 – aus Azorín / J.A. Fernández, Castilla, Incafo, Madrid ²1986.

S. 187 – Schutzumschlag zu S. Juan de las Cruz, *Obras completas*, Editorial Monte Carmelo, Burgos ²1990.

ISBN 3-466-20420-8

© 1997 by Kösel-Verlag GmbH & Co., München

Printed in Germany. Alle Rechte vorbehalten

Druck und Bindung: Kösel, Kempten

Umschlag: Elisabeth Petersen, München

Umschlagmotiv: Foto von Allen Steve, Sonnenuntergang über Ponte Vecchio, Florenz, © The Image Bank Bildagentur GmbH, München

1 2 3 4 · 00 99 98 97

Gedruckt auf umweltfreundlich hergestelltem Werkdruckpapier (säurefrei und chlorfrei gebleicht)

Inhalt

ERLÄUTERUNGEN

Das bewegte Leben des Johannes vom Kreuz

Johannes vom Kreuz war kein »Zellenhocker«. Zwar hätte er gern ein überwiegend kontemplatives Leben geführt, aber Gott und die Ordensreformerin Teresa von Ávila wollten es anders. Johannes war im Dienste der Klostergründungen engagiert, und diese erforderten Anwesenheit »vor Ort«. Hinzu kamen für Johannes im Laufe des Lebens die schicksalsbedingte Versetzung nach Andalusien und immer höhere Ämter, die ihn zwangen, allenthalben zu helfen und nach dem Rechten zu sehen.

So kam er viel herum: Geboren 1542 im altkastilischen Fontiveros, Provinz Ávila, Sohn eines spanischen Adeligen aus Toledo, vermutlich mit jüdischem Einschlag, und einer armen Weberin, möglicherweise arabischen Blutes, wenn auch christlichen Glaubens. Mit 9 Jahren wurde Juan de Yepes y Álvarez nach dem Tode des Vaters ins Waisenhaus gegeben und arbeitete in Medina del Campo als Krankenpfleger, Almosensammler und Messdiener. Dann durch auffallende Begabung Besuch des dortigen Gymnasiums der Jesuiten und Klostereintritt bei den Karmeliten. Theologiestudium in Salamanca. 1567 wieder in Medina Begegnung mit Teresa von Ávila, die ihn als Helfer für ihre Ordensreform gewann und ihn nach Valladolid, Alba de Tormes auf Reisen mitnahm, ihn dann zur Gründung von Mönchsklöstern nach Duruelo in die Bergeinsamkeit und nach Pastrana in den problematischen Herrschaftsbereich des Fürsten und der »Prinzessin« Éboli sandte. Auf Teresas Wunsch, nicht zu seiner Freude, übernahm er das College-Rektorat an der Humanistenuniversität Alcalá de Henares bei Madrid. Ab 1572 folgten relativ ruhige Jahre in Ávila, wo er die zahlreichen renitenten Schwestern im Stammkloster der Mutter Teresa reformieren sollte. Aber nur jene, die freiwillig zu ihm kamen. Und sie kamen alle, beeindruckt von der spirituellen Kraft dieses kleinen jungen Mannes.

Anfang Dezember 1577 erfolgte der Donnerschlag der Entführung durch reformfeindliche Karmeliten nach Toledo. Lebensbedrohend waren die Bedingungen der Gefangenschaft, die Johannes 9 Monate später durch abenteuerliche Flucht mit Abseilen vom Balkon über den Uferfelsen des Flusses Tajo beendete. Zu seinem Schutze versetzte man ihn nach Andalusien: ab Oktober 1578 Priorat in Granada mit vielen Nebenämtern (zuvor Gründung der Universität von Baeza mit Rektorat im College!) und praktischen Aktivitäten. Zum Beispiel führte er einen Aquädukt vom Maurenlustschloß Generalife oberhalb der Alhambra zu seinem Kloster *Los Mártires*, das von der Alhambra nur durch eine schmale Schlucht getrennt war.

Nun begann sein ungewollter Aufstieg in das Amt des Provinzialvikars für Andalusien, außerdem beschäftigten ihn immer wieder neue Klostergründungen. Seine Ämter führten ihn nach Beas de Segura (wo er ein ihm besonders verbundenes Nonnenkloster betreute), nach Córdoba, Sevilla, Lissabon, um nur einige bekannte Orte zu nennen. Zu Fuß, per Maultier, gelegentlich auch per Pferd, dem »Mercedes« seiner Zeit. Dazu ritt er zu den Ordenskapiteln in Kastilien, vor allem Madrid. 1589/90 wählte man ihn in das Amt des 2. Definitors an der neuorganisierten Ordensspitze in Segovia, so dass er in seine Heimat Kastilien zurückkam.

Aber im nach dem Tode Teresas (Oktober 1582) veränderten Orden hatte er Feinde, und die Intrigen gegen ihn steigerten sich schließlich so, dass Johannes es nicht mehr ertrug und nach Mexiko auswandern wollte. Er ging mit Einverständnis der Kongregation in ein wildschönes andalusisches Kloster (Gegend Jaén), um hier in der Einsamkeit nah dem Hafen ein Schiff für die Überfahrt zu erwarten. Hier zog er sich eine Verletzung am Fuße zu, es kam zum unbehandelten Wundbrand. Zu spät schickte man den kaum noch Transportfähigen nach Úbeda, wo er am 13./14. Dezember 1591 starb, als es Mitternacht schlug. Er wurde 49 Jahre alt.

In diesem für heutige Begriffe kurzen Leben war Johannes höchst aktiv. Bauen, gründen, organisieren, entscheiden, beraten, trösten – das war sein Arbeitsalltag. Er reiste noch mehr als die Ordensmutter, die man eine fahrende Ritterin genannt hatte und die ein feindlicher päpstlicher Nuntius (Sega) als »Landstreicherin und Herumtreiberin« bezeichnete. Man hat ausgerechnet, dass Juans Reisen zur Betreuung von 18 Klöstern allein in zwei Jahren rd. 6000 km betrugen! In den 80er Jahren begann er in Granada sein Prosawerk zu schreiben, es war oft schwer, die Zeit dafür zu finden. Aber die Menschen, die zu ihm kamen, brauchten seine Erläuterungen und Weisungen. Die großen Werke entstanden auf der Basis seiner meist schon früher geschriebenen Gedichte. Die oft »aphoristische« Kurzprosa ergab sich aus der seelsorgerischen Praxis, in der er Zettelchen mit gezielten Bemerkungen verteilte – »Entwicklungshilfe« für die

Betroffenen. Gerade in diesen knappen, in der literarischen Öffentlichkeit bisher viel zu wenig bekannten Hinweisen kristallisiert und konzentriert sich sein Wissen, Fühlen und Denken.

Wenn er sich in seinem farbigen Leben auch immer nach einer kontemplativen Stille sehnte, wie sie ihm nur selten zuteil wurde, blieb ihm doch seine große Liebe zur Landschaft, zur Natur. Bescheiden in der Ausstattung seiner Zellen auch als Prior, Provinzialvikar und Definitor, wusste er es doch immer einzurichten, dass er einen schönen, möglichst weiten Blick in die Landschaft hatte, die ihn zu Andacht und Gottesliebe begeisterte. In seinem Herzen war der gotterfüllte Mensch ein Künstler. Das heutige Spanien verehrt ihn vor allem als Dichter. Aber auch den bildenden Künsten war er zugeneigt, wie die geniale kleine Skizze des gekreuzigten Christus beweist, die erhalten blieb und die einen Salvador Dalí zu seinem berühmten Gemälde »Der Christus des Johannes vom Kreuz« inspirierte.

Der Geist des Johannes vom Kreuz ist weit und licht zu denken, trotz des Durchgangs der »Nächte«. Nacht war für Johannes (wie für die auch in Spanien vertretenen Sufimystiker) jede läuternde oder unverstehbare Phase des inneren Verwandlungsprozesses, in dem er Wesen und Sinn christlichen Menschseins sah. Die Nacht ist also nicht Selbstzweck, sondern nur Durchgang zum Morgen, zum Licht eines »ewigen Tages«, wie Johannes sagte. Am Ende seines Lebenswerks leuchtet die *Lebendige Flamme der Liebe* (in neuer Übersetzung 1995 bei Kösel). Dieses Licht leuchtete ihm auch ahnungsvoll auf in aller Schönheit, in der Schönheit des Geschöpfes, der Landschaft, der Kunst. Gott selbst bedeutete ihm Schönheit, so dass er in tiefer kontemplativer Versenkung stammelte: »Versunken bin ich ganz in deine Schönheit. Ich werde dich in deiner Schönheit schauen, und du wirst mich in deiner Schönheit schauen, ich werde mich in deiner Schönheit finden und du wirst dich in meiner Schönheit finden. So gleiche ich dir und gleichst du mir in deiner Schönheit, denn diese deine Schönheit wird zu meiner Schönheit. Und wir werden einander in deiner Schönheit schauen«[1].

Der Gottessohn als das WORT ist für Johannes Weisheit und Schönheit zugleich, die Schönheit »bekleidet« auch die Geschöpfe in ihrer Würde, sie entspringt dem beglückenden »Übersteigen«, der Transzendenz des göttlichen Wesens, auf das sie rückverweist. Darum ist sie von der Weisheit nicht zu trennen, zu der man nur gelangen kann, wenn man einfach alle von Gott trennenden Grenzen transzendiert, frei wird, was Johannes als Durchschreiten der engen Kreuzespforte bezeichnet[2]. Was ihn dabei interessiert, ist die Verwandlung des Menschen in einem Prozeß wachsender Liebe. Damit steht er über Konfession und Moralphilosophie, im Grunde auch über seiner Zeit. Und dieses Überschreiten enger Bindungen läßt ihn heute so »modern« erscheinen. Ihn interessiert nur die Frage: Wie wird man das, was man sein sollte? Zu ihrer Beantwortung braucht er nicht nur Bibel und traditionelle Theologie, sondern vor allem auch psychologische Erfahrung, die eigene wie die seiner Mitmenschen, die so zahlreich mit ihren Problemen zu ihm kamen.

Die Ratschläge, die der spanische Heilige in den »Weisungen des Lichtes und der Liebe« und der damit zusammenhängenden Kurzprosa gibt, bald in der aphoristischen Spannung von Deutungsweite und pointierter Prägnanz, bald in der Kürze des klar um das Ziel Wissenden, der über wenig Zeit verfügt, streben unmittelbar und fordernd ein Heilwerden an, das Freiheit und Schönheit einschließt.

Darum seien diesem Buch auch Bilder beigefügt, wie sie Johannes vom Kreuz vor Augen haben konnte und wie sie sein Herz erfreuten. Johannes war kein finsterer Asket, und auch der Leser seiner Weisungen und Ratschläge soll es nicht werden. Diese Zeugnisse erworbener Lebens- und Gottesweisheit sind wie geschliffene Edelsteine: ins rechte Licht gehalten, offenbaren sie ungeahnten Glanz in immer neuer Perspektive. Darum greifen sie für uns heute über das ursprünglich Angezielte hinaus. Was für den Menschen im Kloster galt, gilt auch für die »Weltmenschen« einer dem Christlichen entspringenden abendländischen Kultur in ihren mitmenschlichen Spannungen. Johannes vom Kreuz sah die Bindung zwischen gött-

13

lichem und menschlichem Bereich so eng, dass er in seinen die mystische Erfahrung aussagenden Gedichten gern weltliche Liebesdichtung zum Vorbild nahm, die er dann ins Geistlich-Göttliche, »a lo divino«, wie man im Spanischen damals sagte, umdeutete. Darum ist es kein Sakrileg, wenn man gelegentlich die Reihenfolge umkehrt und das geistlich Gesagte im Hintergrund leuchten lässt, während man es behutsam und vordergründig »a lo humano« zur Nachahmung anbietet.

Hamburg, im August 1996   Erika Lorenz

DIE TEXTE

1
Weisungen
des Lichtes und der Liebe

Dichos de luz y amor[1]

PROLOG

Wenn auch, o du mein Gott und all mein Glück, sich meine
Seele bemühte, für dich ihr ganzes Herz in diese Sprüche
des Lichtes und der Liebe zu legen, so habe ich hierfür zwar die
Sprache, nicht aber das Tun und die Tugend. Darum wirst du, mein
Herr, dich mehr als an der Sprache und Weisheit an jenen erfreuen,
die, von ihnen angesprochen, vielleicht Nutzen daraus ziehen für
deinen Dienst und die Liebe zu dir, worin ich nicht genüge. Meine
Seele kann sich nur trösten in dem Gedanken, dass sie dir durch
die Sprüche möglich machte, in anderen das zu finden, was mir
fehlt.

Du liebst, Herr, die Klugheit der Unterscheidung, du liebst das
Licht und am meisten von allen Tätigkeiten der Seele liebst du die
Liebe. Darum wollen diese Sprüche Unterscheidung für den Aufbruch geben, Licht auf dem Weg und Liebe während der Wanderschaft.

Fern bleibe die Rhetorik der Welt! Fern das Wortgeklingel und
die dürre Beredsamkeit menschlicher Weisheit, blutleer und künst-
lich, daran du, Herr, niemals deine Freude hast. Wir wollen zum
Herzen sprechen mit Worten, die getränkt sind von der Süße der
Liebe, und so dir wohlgefallen. Wir hoffen Hindernisse und Stol-

17

Siempre el señor descubrio los
thesoros desu sabiduria y espiri,
tuales mortales / mas aora ques
la malicia va descubriendo mas
su cara mucho los descubre —

O señor dios mio quien te busca
va con amor puro, y sencillo, que
te dege de hallar muy asu gusto
y voluntad: pues que tu temues
tras primero y sales al encuentro
alos que te desean —

Aunque el camino es llano y
suave para los hombres debue
na voluntad: el que camina
caminara poco y con trabajo si
no tiene buenos pies y animo
y porfia animosa en eso mismo —

Mas vale estar cargado junto
al fuerte: que aliuiado junto al
flaco: quando estoy cargado
estoy junto adios que es mi for
taleza el qual esta con los atribu
lados. quando estoy aliuiado

persteine wegzuräumen für viele Seelen, die aus Unkenntnis straucheln und unwissend in die Irre gehen, während sie doch deinem
liebreichen Sohn, unserem Herrn Jesus Christus folgen wollen, um
ihm ähnlich zu werden in Leben, Verhalten und Tugenden und
letztlich in der Formung durch die Nacktheit und Reinheit des
Geistes. Gib ihnen dieses, du Vater der Barmherzigkeit, denn ohne
dich kann man nichts vollbringen[2].

DIE WEISUNGEN IM AUTOGRAPH VON ANDÚJAR[3]

1 Allezeit hat der Herr den Sterblichen die Schätze seiner
Weisheit und seines Geistes entdeckt. Heute aber, da die
Bosheit ihr Gesicht immer deutlicher zeigt, bietet er die
Schätze um so offener dar!

2 O mein Herr und Gott! Wer dich mit reiner und
schlichter Liebe sucht, warum sollte er dich nicht finden,
ganz wie er es wünschte und ersehnte? Bist du es doch, der
sich als Erster auf den Weg macht zur Begegnung mit jenen,
die dich finden möchten[4].

3 Selbst wenn der Weg eben ist und angenehm für die
Menschen guten Willens: Wer wandert, wird langsam und
mühselig vorankommen, wenn er nicht gut zu Fuß ist und
Mut und Ausdauer für die Wanderung hat.

4 Es ist besser, beladen mit dem Starken zu gehen als
unbelastet mit dem Schwachen. Wenn du schwer trägst, ist
Gott an deiner Seite und gibt dir Kraft, denn er ist mit den
Beladenen. Gehst du dagegen unbelastet, bist du nur bei
dir selbst und bist selbst deine Schwachheit: Denn die Kraft

und Tauglichkeit der Seele wächst und festigt sich mit der in Geduld getragenen Mühsal.

5 Wer allein bleiben will ohne die Stütze eines Meisters oder Führers, der gleicht dem herrenlosen und verlassenen Obstbaum auf dem Felde. Wie viele Früchte er auch bringen mag, sie werden von den Vorüberkommenden gepflückt, noch ehe sie reif sind.

6 Der gepflegte und gehegte Baum gibt dank der Fürsorge seines Herrn die Frucht zur Zeit der erwarteten Ernte.

7 Die sich ohne Meister mühende Seele gleicht der einsam vor sich hin glühenden Kohle. Sie wird eher erkalten als sich entflammen.

8 Wer allein hinfällt, wird allein liegen bleiben und verweigert seiner Seele den Respekt, indem er nur auf sich selbst vertraut.

9 Wenn du dich schon nicht fürchtest, allein zu fallen, wieso maßt du dir auch noch an, allein wieder aufzustehen? Sieh doch, dass zwei mehr vermögen als einer allein.

10 Wer beladen hinfällt, wird sich nur mühsam unter seiner Last erheben.

11 Wer blind hinfällt, wird nicht blind und allein wieder aufstehen. Erhebt er sich dennoch allein, wird er den rechten Weg nicht finden.

12 Lieber möchte Gott von dir ein Mindestmaß an reinem Gewissen, als all die Werke, die du tun könntest.

13 Lieber möchte Gott von dir ein Mindestmaß an Gehorsam und Unterwerfung, als alle diese Dienste, die du für ihn zu tun gedenkst.

14 Mehr schätzt Gott an dir deine Bereitschaft zu Trockenheit und Leiden um seiner Liebe willen, als alle möglichen Erbauungen und Visionen und Meditationen.

15 Gib deine Wünsche auf, und du wirst finden, wonach dein Herz sich sehnt. Wie willst du denn wissen, ob dein Wünschen Gottes Absichten entspricht?

16 O innigste Liebe Gottes, die kaum einer kennt! Wer ihren Zugang fand, braucht nichts mehr[5].

17 Wolle nicht deinen Willen erfüllen, auch wenn dir Bitterkeit bleibt. Denn seine Erfüllung wird dir doppelt bitter werden.

18 Die Seele nähert sich Gott, wenn sie dabei noch das kleinste Verlangen nach weltlichen Dingen in sich trägt, unreiner und schamloser, als wenn sie mit der Last aller hässlichen und schändlichen Versuchungen und Finsternisse käme, denen ihr Wille nicht zustimmen mag. Vielmehr kann sie sich dann vertrauensvoll Gott nahen, um den Willen seiner Majestät geschehen zu lassen, die da sagte:»Kommt zu mir alle, die ihr mühselig und beladen seid, denn ich will euch erquicken« (Mt 11,28).

21

19 Mehr gefällt Gott die Seele, die sich in Trockenheit und Leiden dem unterwirft, was recht ist, als jene, der diese Bereitschaft fehlt und die alles zu ihrer Erbauung tut.

20 Mehr gefällt Gott ein Werk, das, wie unbedeutend es auch sein mag, ohne den Wunsch nach Anerkennung im Verborgenen getan wird, als tausend Werke, die den Menschen bekannt werden sollen. Denn wer aus reinster Liebe etwas für Gott tut, legt nicht nur keinen Wert darauf, dass die Menschen davon erfahren: selbst Gott braucht es nicht zu wissen. Auch wenn er es niemals erführe, würde derjenige ihm doch mit immer gleicher Freude und reiner Liebe die gleichen Dienste erweisen.

21 Das lautere und ganze Werk, für Gott getan, bringt in das lautere Herz ein ganzes Königreich für seinen Eigentümer.

22 Doppelt bemüht sich der Vogel, der sich auf die Leimrute gesetzt hatte, nämlich um freizukommen und um die Leimreste wegzuputzen. Und doppelt muss derjenige leiden, der seinem Begehren folgte, nämlich um frei zu werden und um zu entfernen, was hängenblieb.

23 Wer sich nicht von seinen Begierden leiten lässt, kann auf des Geistes Fittichen fliegen wie der Vogel, dem keine Schwungfeder fehlt.

24 Die Fliege, die sich auf dem Honig niederlässt, behindert ihren Flug. Und die Seele, die sich an geistige Genüsse klammert, behindert ihre Freiheit und kontemplative Versenkung.

25 Halte dir nicht die Geschöpfe vor Augen, wenn du Gottes Antlitz klar und schlicht in deiner Seele tragen willst. Befreie und entfremde vielmehr deinen Geist tunlichst von ihnen, dann wirst du göttlich erleuchtet, denn Gott gleicht ihnen nicht.

26 *Gebet der liebenden Seele:* Herr und Gott, mein Geliebter! Wenn du noch meiner Sünden gedenkst und darum jetzt meine Bitte nicht erhörst, so geschehe, mein Gott, dein Wille, denn das ist es, was ich am meisten wünsche. Und lass deine Güte und Barmherzigkeit walten, daran man dich erkennen wird. Und wenn du auf meine Werke wartest, um mein Flehen zu erhören, so gib sie mir durch dein Wirken und füge hinzu die Buße, die du annehmen willst.

Wenn du aber keine Werke von mir erwartest, was erwartest du dann, o mein gnädigster Herr? Warum säumst du?

Wenn ich letztendlich Gnade und Barmherzigkeit in deinem Sohne erbitten soll, so nimm das Scherflein meines Betens, denn du wünschst es, und gib mir dieses Gnadengut, denn du willst auch das.

Wer könnte sich freimachen von niederen Mitteln und Zielen, wenn nicht du, mein Gott, ihn in reiner Liebe zu dir erhebst? Wie könnte sich der Mensch, in Niedrigkeit gezeugt und geboren, zu dir erheben, wenn nicht du, Herr, ihn emporträgst mit der Hand, die ihn erschuf?

Du wirst, mein Gott, mir nicht nehmen, was du mir einmal in deinem einzigen Sohn Jesus Christus gegeben hast, in dem du mir alles gabst, was ich mir wünsche. Darum bin ich zuversichtlich, dass du nicht säumen wirst, wenn ich warte und hoffe. Warum wird meinem Herzen das Warten lang, wenn es doch Gott schon lieben kann? Mein sind die Himmel und mein ist die Erde. Mein sind die Völker, die Gerechten sind mein und mein die Sünder. Die Engel sind mein, die Mutter Gottes und alles. Sogar Gott selbst ist mein und mir gehörig, denn Christus ist mein und ist mir alles. Was also erbittest und suchst du, meine Seele? Dies alles ist dein und alles gehört dir. Schätze dich weder gering noch sammle die Brosamen, die vom Tische deines Vaters fallen. Geh hinaus und verherrliche dich in deiner Herrlichkeit. Verbirg dich in ihr und sei selig, dann erlangst du alles, was dein Herz begehrt!

27   Der schon lautere Geist kümmert sich weder um fremde Meinungen noch um gesellschaftliche Konventionen. Vielmehr verbindet er sich in der Stille mit Gott, frei von allen Ansprüchen in tiefinnerer, beglückender Ruhe. Denn Gott erfährt man in göttlichem Schweigen.

28   Die liebende Seele ist sanft, friedfertig, demütig und geduldig.

29   Die harte Seele verhärtet sich in ihrer Selbstliebe.

30   Wenn du, o guter Jesus, mit deiner Liebe die Seele nicht sänftigst, wird sie auf immer in ihrer natürlichen Unbarmherzigkeit verharren.

31   Wer die Gelegenheit nicht nutzt, ist wie jemand, der den Vogel, der nicht wiederkehrt, aus seiner Hand entläßt.

32 Ich kannte dich nicht, o du mein Herr, weil ich noch dieses und jenes wissen und erfahren wollte.

33 Nun sei der glückliche Augenblick gekommen, mein Herr und Gott, da alles anders wird, denn in dir wollen wir bleiben!

34 Ein einziger Gedanke des Menschen ist mehr wert als die ganze Welt. Darum ist nur Gott seiner würdig.

35 Für das Fühllose dein Nichtfühlen. Für das Sinnenhafte den Sinn. Und für den Geist Gottes den Gedanken.

36 Bedenke, dass dein Schutzengel dir nicht immer Lust zum Wirken gibt, auch wenn er deine Vernunft stets erleuchtet. Wenn du also Gutes tun willst, warte nicht, bis du Lust dazu hast. Begnüge dich vielmehr mit Vernunft und Verstand.

37 Wenn das Begehren mit Anderem beschäftigt ist, findet dein Engel keine Gelegenheit, es zu bewegen.

38 Dürr ist mir der Geist geworden, weil er vergisst, sich von deinem Wort zu nähren.

39 Was du erstrebst und was du am meisten wünschst, wirst du weder auf diesem dir eigenen Weg noch in hoher Kontemplation finden, sondern in tiefer Demut und Hingabe des Herzens.

40 Lass dich's nicht verdrießen, denn du schmeckst nicht die Milde des Geistes, wenn du nicht all dein Wünschen überwindest.

41 Sieh, wie die schönste Blume am schnellsten welkt und ihren Duft verliert. Darum hüte dich, im Geiste des Wohlgefallens gehen zu wollen, du wirst dann nicht durchhalten. Erstrebe für dich einen kraftvollen Geist, der sich an nichts klammert, und du wirst Frieden und Innigkeit in Fülle finden. Denn die wohlschmeckende und haltbare Frucht wird auf kühler und trockener Erde gesammelt.

42 Bedenke, dass dein Fleisch schwach ist und kein Ding der Welt deinem Geist Trost und Stärke zu geben vermag. Denn was von der Welt kommt, ist Welt, und was vom Fleisch kommt, ist Fleisch. Der gute Geist aber kommt einzig aus dem Geist Gottes, der sich weder durch Welt noch durch Fleisch mitteilt[6].

43 Setz dich in Verbindung mit deiner Vernunft, damit sie dir auf dem Gotteswege sagt, was du tun sollst. Das wird dir in deinem Verhältnis zu Gott mehr nützen als alle Werke, die du ohne diesen Rat tust und mehr als alle geistlichen Beglückungen, nach denen du strebst.

44 Glücklich der Mensch, der Gefallen und Neigung beiseite lässt und die Dinge mit Vernunft und Gerechtigkeit betrachtet, um danach zu handeln.

45 Wer recht nach Vernunft handelt, gleicht dem, der gehaltvolle Nahrung zu sich nimmt. Wer dem Belieben

seines Willens folgt, gleicht dem, der eine fade Frucht verzehrt.

46   Du, mein Herr, hebst voller Freude und Liebe den immer wieder auf, der sich an dir versündigt. Ich aber erhebe nicht und ehre nicht den, der mich ärgert.

47   O du mächtiger Herr! Wenn schon ein Funke aus dem Reich deiner Gerechtigkeit in einem sterblichen Fürsten bewirkt, dass er Völker regiert und bewegt[7], wie wird dann deine allmächtige Gerechtigeit sich auswirken auf den Gerechten und auf den Sünder?

48   Wenn du deine Seele freimachst von ungeordneten Anhänglichkeiten und Begierden, wirst du den Geist der Dinge verstehen. Und wenn du ihrer Verlockung widerstehst, wirst du dich ihrer Wahrheit erfreuen, da du ihr Eigentliches erkennst.

49   Mein Herr und Gott! Du entfremdest dich dem nicht, der sich dir nicht entfremdet. Wie kann man nur behaupten, dass du dich entfernst?

50   Der ist wahrhaft Herr der Dinge, den ihr Angenehmes nicht beglückt und ihr Unangenehmes nicht betrübt.

51   Wenn du in die kontemplative Versenkung kommen willst, sollst du nicht etwas erwarten, sondern nichts wollen.

52   Wenn ich mit dir, mein Gott, wohin auch immer gehe,
wird, wo auch immer ich gehe, mir alles so ausgehen, wie
ich es für dich erstrebe[8].

53   Zur Vollkommenheit kann der nicht gelangen, der
sich nicht bemüht, mit dem Geringsten zufrieden zu sein,
so dass die sinnliche und geistige Begehrlichkeit sich mit
dem Leeren begnügen. Denn das ist erforderlich für die
höchste Ruhe und den vollkommenen Frieden des Geistes.
Und auf diese Weise ist in der reinen und schlichten Seele
die Gottesliebe fast ständig am Werke.

54   Bedenke, dass Gott unerreichbar ist[9] und du darum
nicht darauf beharren darfst, ihn mit deinen geistigen Vermögen begreifen und mit deinen Sinnen wahrnehmen zu
wollen. Sonst nämlich wirst du unzufrieden und deine Seele
verliert die Leichtigkeit, die sie braucht auf ihrem Wege zu
Gott.

55   Wie einer, der den Karren bergauf zieht, so wandert
die Seele, die ihre Besorgnis nicht abschüttelt und ihre
Begehrlichkeit nicht überwindet, zu Gott.

56   Gott will weder, dass die Seele sich um ein Nichts
betrübe noch dass sie Nöte leide. Wenn sie dennoch leidet
unter den Widrigkeiten der Welt, so geschieht das durch
innere Schwäche, da ja die Seele des Vollkommenen an dem
Gefallen findet, was die unvollkommene Seele bekümmert.

57   Der Weg des [ewigen] Lebens kennt kaum Geschäftigkeit und Lärm. Und er verlangt eher Verleugnung des

Willens als vieles Wissen. Ihn wird gehen, wer sich am wenigsten nimmt an Dingen und Zerstreuungen.

58   Du darfst nicht meinen, du könnest Gott ebenso gefallen, wenn du viel für ihn tust, als wenn du es tust guten Willens, uneigennützig und furchtlos.

59   Am Abend wird man dich nach der Liebe fragen. Lerne Gott zu lieben, wie er geliebt werden will, und lass dein Eigenwesen.

60   Hüte dich vor der Einmischung in fremde Angelegenheiten, nicht einmal in Gedanken. Denn vielleicht bist du deiner eigenen Aufgabe nicht gewachsen.

61   Du musst nicht meinen, weil in jenem nicht die Tugenden glänzen, die du dir denkst, sei er nicht kostbar vor Gott durch das, woran du nicht denkst.

62   Der Mensch vermag sich weder richtig zu freuen noch richtig zu trauern, denn er kennt nicht den Abstand zwischen Gut und Böse.

63   Sieh zu, dass du nicht in Traurigkeit versinkst wegen der Widrigkeiten der Welt, denn du weißt nicht, welch Gutes sie in Gottes Absicht und Urteil für das ewige Leben der Auserwählten mit sich bringen.

64   Freue dich nicht über irdisches Wohlergehen, denn du kannst nicht gewiss sein, dass es dir das ewige Leben sichert.

65   Im Kummer wende dich vertrauensvoll an Gott, und
du wirst gestärkt und erleuchtet und belehrt.

66   In Freude und Glück wende dich in Furcht und Wahrheit an Gott, und du wirst weder enttäuscht noch in Eitelkeit verstrickt.

67   Nimm Gott zum Bräutigam und Freund, den du ständig begleitest, und du wirst nicht sündigen, lernst zu lieben,
und alles Notwendige wird sich zu deinem Wohlergehen
entwickeln.

68   Ganz von selbst werden die Menschen dir ergeben
sein, und die Dinge werden dir dienen, wenn du sie und
dich selbst vergisst.

69   Bring dich zur Ruhe, indem du die Sorgen abtust,
kümmere dich nicht um was auch immer geschehen mag
– und du wirst Gott dienen, wie es ihm gefällt, und dich
freuen in ihm.

70   Bedenke, dass Gott nur herrscht in der friedvollen
und selbstlosen Seele.

71   Auch viele Werke machen dich nicht vollkommener,
wenn du nicht lernst, auf deinen Eigenwillen zu verzichten
und dich zu unterwerfen, indem du aufhörst, dir um dich
und deine Dinge Sorgen zu machen.

72   Was nützt es, wenn du Gott das eine gibst, während
er dich um das andere bittet? Überlege, was Gott wohl

wünscht und tu es, dann wird dein Herz glücklicher sein als mit allem, was du gern wolltest.

73 Wie kannst du es wagen, dich so furchtlos zu vergnügen, wo du doch vor Gott erscheinen und ihm Rechenschaft ablegen musst über das kleinste Wort und den geringsten Gedanken?

74 Sieh doch, wie viele berufen sind und wie wenige auserwählt und dass dir, wenn du nicht auf dich Acht gibst, die Verlorenheit sicherer ist als die Rettung, zumal der Weg zum ewigen Leben so schmal ist[10].

75 Gib dich nicht eitlen Freuden hin, denn du kennst deine vielen Sünden und weißt nicht, wie Gott es mit dir halten wird. Darum sei gottesfürchtig in Vertrauen.

76 In der Stunde der Rechenschaft nämlich wird es dich reuen, deine Zeit nicht zum Dienste Gottes genutzt zu haben. Warum also verhältst du dich nicht gleich so, wie du es in deiner Todesstunde wünschen würdest?

77 Wenn du möchtest, dass in deinem Geist der Glaube erwacht und die Gottesliebe mit der Sehnsucht nach Göttlichem wächst, so reinige die Seele von aller Begehrlichkeit, Verhaftung und Anspruchshaltung, so dass du auf das Nichtige nichts gibst. Dann wird es dir gehen wie dem Kranken, der, nach dem Aderlass gereinigt von schädlichen Säften, das Gut der Gesundheit wiederkommen fühlt und Lust zu essen verspürt. So wirst du in Gott genesen, wenn

du dich besagter Kur unterziehst. Ohne sie aber wirst du nicht vorankommen, so sehr du dich auch bemühst.

78 Wenn du Frieden und Trost für deine Seele suchst und Gott wahrhaft dienen möchtest, sei nicht zufrieden im Blick auf das, was du verlassen hast. Denn dein neuer Zustand könnte dich wieder ebenso oder noch mehr behindern als zuvor. Lass darum auch alles, was dir noch bleibt, und konzentriere dich nur auf das eine, das alles übrige in sich trägt: auf die heilige Einsamkeit, begleitet von Gebet und andächtiger Lektüre heiliger Schriften, und verharre so in der Vergessenheit aller Dinge. Denn du gefällst Gott mehr, wenn du dich selbst zu beherrschen und zu vervollkommnen verstehst, als wenn du dich um alle Dinge zusammen bemühtest. Denn »was hülfe es dem Menschen, wenn er die ganze Welt gewönne und nähme doch Schaden an seiner Seele?« (Mt 16,26).

[Ende des Autographs]

que mas hagas no aproecharas

si deseas hallar la paz y consuelo
de tu alma. y servir a dios de veras
no te contentes con eso que has de
J... porque porventura. te estas
..... que de nueuo andar tan in
peridido o mas que antes. mas deja
todas esotras cosas q. te quedan.
y apartate a una sola que lo haze
todo consigo que es la soledad
sancta acompañada. con oracion
y sancta. y diuina lecion. y alli
persevera. en oluido de todas las
cosas que si de obligacion note
incumben. mas agradaras a dios
en saberte. guardar. y persicionar
a ti mismo que engrangear las
todas juntas. porque que le ay.
prouecham. al hombre ganar.
todo el mundo si ....

2
Weisungen der Weisheit
Aus späteren Manuskripten

Puntos de amor y avisos[11]

79 Halte, so sehr du kannst, Zunge und Gedanken im Zaume, und habe immer Gott im liebevollen Sinn. Dann wird dir der Geist göttlich erwärmt.

80 Lass deinen Geist einzig in Gott seine Nahrung suchen. Nimm Abstand vom Wichtignehmen der Dinge und hege Frieden und Sammlung in deinem Herzen.

81 Verweile ruhigen Geistes im liebenden Aufmerken auf Gott. Und wenn es nötig ist zu sprechen, geschehe es in gleicher Ruhe und in gleichem Frieden.

82 Gedenke stets des ewigen Lebens und bedenke, dass die Geringsten, die Ärmsten und Anspruchslosesten Gottes höchste Herrlichkeit und Seligkeit erfahren werden.

83 Freue dich stets in Gott, deinem Heil, und sieh, dass es gut ist, wie auch immer für den zu leiden, der die Gutheit selbst ist.

84 Bedenkt, dass ihr euch selbst bekämpfen müsst, um den Weg der Vollkommenheit in seiner heiligen Strenge zu gehen, und versteht, dass Gott von jedem gesprochenen Wort, das das Schweigegebot [des Ordens] unerlaubt verletzt, Rechenschaft fordern wird.[12]

85 Ich wünsche innig, dass Gott dir geben möge, was seine Majestät bei dir als zu seiner Ehre fehlend erkennt.

86 Innerlich und äußerlich mit Christus gekreuzigt, wirst du in diesem Leben deine Seele sättigen und zufriedenstellen, und so in Geduld das Leben gewinnen.

87 Verweile im liebenden Aufmerken vor Gott, und wünsche nicht, von ihm Bestimmtes erfahren oder verstehen zu wollen.

88 Festes Vertrauen in Gott, schätzen, was er schätzt an dir selbst wie an den Schwestern: Das sind die geistlichen Güter.

89 Kehre ein in dein Inneres und tu deine Arbeit in Gegenwart des Bräutigams, der immer da ist und dich sehr liebt.

90 Sei jedem Zulassen von wesenhaft ungeistlichen Dingen in deiner Seele feindlich gesinnt, damit sie nicht den Geschmack an Sammlung und religiöser Hingabe verliert.

91 Begnüge dich mit dem gekreuzigten Christus und leide und ruhe mit ihm. Dafür seien dir alle übrigen äußeren und inneren Dinge wie nichts.

92 Bemühe dich immer, dass weder dir die Dinge etwas bedeuten, noch du etwas für die Dinge. Dann bleibe selbstvergessen in deiner kontemplativen Sammlung beim Bräutigam.

93 Liebe sehr die Mühen und Leiden und schätze sie gering, um Gnade beim Bräutigam zu finden, der nicht zögerte, für dich zu sterben.

94 Sei stark im Herzen gegen alles, was dich von Gott abziehen will. Und sei Freundin der Passion Christi.

95 Verweile in innerer Lösung von allem, finde keinen Gefallen an irgendetwas Irdischem, und deine Seele wird ungeahnte Schätze in sich sammeln.

96 Die Seele, die in der Liebe lebt, ermüdet nicht und ermüdet niemanden.

97 Den Armen, der nackt ist, wird man bekleiden, und die Seele, die sich entblößt von all ihrem Begehren, von ihrem Wollen und Nichtwollen, wird Gott bekleiden mit seiner Reinheit, seinem Wohlgefallen und Willen.

98 Es gibt Seelen, die sich wie Tiere im Schlamme wälzen, und es gibt andere, die fliegen gleich den Vögeln, die sich in den Lüften reinigen und säubern.

99 Ein Wort sprach der Vater und das Wort war sein Sohn, und immer spricht er es in ewigem Schweigen, und in Schweigen muss es die Seele hören.

100 Wir sollen die Mühen an uns messen und nicht uns an den Mühen.

101 Wer das Kreuz Christi nicht sucht, sucht nicht die Herrlichkeit Christi.

102 Wenn Gott in Liebe zur Seele entbrennen will, richtet er sein Augenmerk nicht auf ihre Größe, sondern auf die Größe ihrer Demut.

103 Wer sich schämt, mich vor den Menschen zu bekennen, dessen werde auch ich mich schämen, ihn vor meinem Vater zu bekennen, sagt der Herr (Mk 8,38).

104 Häufig gekämmtes Haar erglänzt in Reinheit und man hat keine Mühe sich zu kämmen, wann immer man will. Und die Seele, die häufig ihre Gedanken, Worte und Werke – also ihre »Haare« – einer Prüfung unterzieht und zu allem von ihrer Gottesliebe bewegt wird, bekommt ganz leuchtendes Haar. Wenn dann ihr Bräutigam auf ihren Hals sieht, wird er vom Haar gefangengenommen und von einem Blick des Auges tief getroffen [vgl. Vulg Hoheslied 4,9: vulnerasti cor meum, soror mea, sponsa, vulnerasti cor meum in uno oculorum tuorum et in uno crine colli tui], nämlich von der Reinheit der Absicht, mit der die Seele alles tut. Das Haar kämmt man von oben nach unten, wenn es vor Sauberkeit glänzen soll. So müssen wir alle unsere Werke auf dem Gipfel der Gottesliebe beginnen, wenn du willst, dass sie hell und rein seien.

105 Der Himmel ist beständig und keiner Zeugung unterworfen. So sind auch die Seelen von himmlischer Natur beständig und nicht der Erzeugung von Begierden und Ähnlichem unterworfen. Denn sie gleichen Gott in ihrer Weise, sich auf ewig nicht zu ändern.

106 Nicht auf verbotenen Weiden grasen, das heißt auf denen des hiesigen Lebens. Weil nämlich selig sind, die da hungert und dürstet nach Gerechtigkeit, denn sie sollen gesättigt werden (Mt 5,6). Ist es doch Gottes Absicht, uns durch Teilhabe zu Göttern zu machen, während er seiner Natur nach Gott ist. Das ist wie mit dem Feuer, das alles in Feuer verwandelt.

107 All unsere Gutheit ist geliehen, Gottes Gutheit jedoch ist sein eigenes Werk. Gott ist Gott und sein Werk.

108 Die Weisheit tritt bei uns ein durch die Tür der Liebe, des Schweigens und der Selbstlosigkeit¹³. Große Weisheit ist es, wenn man zu schweigen versteht und den Blick nicht auf anderer Reden, Tun und Leben richtet.

109 Alles für mich und nichts für dich.

110 Alles für dich und nichts für mich.

111 Lass dich belehren, lass dir befehlen, lass dich verachten und unterwerfen und du wirst vollkommen sein.

112 Fünf Schäden verursacht eine jegliche Begierde in der Seele: Erstens wird sie beunruhigt, zweitens wird sie getrübt, drittens wird sie beschmutzt, viertens wird sie geschwächt, fünftens wird sie verdunkelt.

113 Die Vollkommenheit beruht nicht auf den Tugenden, die der Seele von sich selbst bekannt sind. Sie beruht vielmehr auf den Tugenden, die unser Herr in der Seele erkennt, was ein versiegelter Brief ist. Und so gibt es nichts, worauf sie sich etwas einbilden könnte, vielmehr sollte sie sich, was sie selbst betrifft, zu Boden werfen.

114 Die Liebe besteht nicht aus großen Gefühlen, sondern aus großem Ausgeliefertsein[14] und Leiden um des Geliebten willen.

115 Die ganze Welt verdient keinen Gedanken des Menschen, nur Gott ist seiner würdig. Darum berauben ihn alle Gedanken, die sich nicht auf ihn richten[15].

116 Man soll die Seelenkräfte und Sinne nicht gänzlich mit den Dingen beschäftigen, sondern nur so viel, wie unerlässlich ist. Das Übrige bleibe frei für Gott.

117 Man blicke nicht auf die Unvollkommenheiten anderer, bewahre Schweigen und ständigen Umgang mit Gott. Dann werden große Unvollkommenheiten aus der Seele gerissen und wird sie Herrin über bedeutende Tugenden.

118 Die Anzeichen für eine kontemplative Verfassung im Innern sind drei: Erstens, wenn die Seele keinen Gefallen mehr am Vergänglichen findet; zweitens, wenn sie Schweigen und Stille liebt und sich zu allem hingezogen fühlt, was

40

zu mehr Vollkommenheit verhilft; drittens, wenn sie nun stört, was ihr sonst nützte, wie Betrachtungen, Meditationen und ähnliche Aktivitäten. Denn die Seele braucht keine anderen Stützen mehr für ihr kontemplatives Beten als Glaube, Liebe und Hoffnung.

119   Wenn eine Seele im Leiden geduldiger wird und das Ausbleiben angenehmer Empfindungen besser erträgt, ist das ein Zeichen für ihren inneren Fortschritt.

120   Die Merkmale des einsamen Vogels sind fünf: Erstens, dass er die höchste Höhe aufsucht; zweitens, dass er keine Begleitung duldet, und sei es auch von seiner eigenen Art; drittens, dass er den Schnabel dem Winde zudreht; viertens, dass er keine bestimmte Farbe hat; fünftens, dass er lieblich singt. Diese Grundeigenschaften muss auch die kontemplative Seele haben: sie muss sich über die vergänglichen Dinge hinausschwingen und sich so wenig um sie kümmern, als seien sie nicht; und sie muss Einsamkeit und Schweigen so sehr lieben, dass sie keine geschöpfliche Gesellschaft brauchen kann; sie muss ihren Mund in das Wehen des Heiligen Geistes halten und sein Einströmen aufnehmen, damit sie so seiner Gesellschaft würdiger wird. Sie darf keine bestimmte Farbe haben, damit nichts anderes sie bestimmt als der Wille Gottes. Und sie muss lieblich singen in der Betrachtung ihres Bräutigams und in ihrer Liebe zu ihm[16].

121   Die Gewöhnung willentlicher und darum nie überwundener Unvollkommenheiten verwehrt nicht nur die

Gotteinung, sondern behindert auch die Vollkommenheit. Hier sind zu nennen: die Gewohnheit, viel zu reden, irgendeine unüberwindliche Vorliebe für eine Person, ein Kleid, ein Zimmer, ein Buch, für besondere Speisen und weitere Unterhaltungen und Gelüstchen im Streben nach Dingen, von denen man mehr kennen und hören möchte[17].

122 [18] Wenn du dich rühmen willst und möchtest dabei nicht als Narr und Dummkopf erscheinen, so sieh ab von allem, was nicht dein ist. Des Restes magst du dich rühmen. Wenn du aber von allem absiehst, was nicht dein ist, bleibt nichts von dir übrig, denn in nichts darfst du dich rühmen, wenn du nicht in Eitelkeit fallen willst. Aber lass uns doch nun speziell zu jenen Gnadengaben übergehen, die die Menschen angenehm und attraktiv erscheinen lassen in den Augen Gottes. Ganz gewiss kannst du dich dieser Gaben nicht rühmen, denn du weißt gar nicht, ob du sie besitzt.

123 O wie süß wird mir deine Gegenwart sein, der du das höchste Gut bist. Schweigend will ich mich dir nähern und vor dir meine Füße entblößen, damit du es für gut erachtest, dich mir ehelich zu verbinden. Und ich werde nicht ruhen, bis ich beglückt werde in deinen Armen[19]. Und so bitte ich dich jetzt, Herr, mich in meiner Kontemplation keinen Augenblick zu verlassen, denn ich bin eine Verschwenderin meiner Seele.

124 Vom Äußeren gelöst, vom Inneren nicht besessen, frei von Habgier nach göttlichen Dingen, hält dich kein Vorteil auf und kann dich kein Nachteil behindern.

125 Der Teufel fürchtet die gottgeeinte Seele, als sei sie Gott selbst.

126 Das reinste Leiden bringt und verschafft das reinste Verstehen.

127 Die Seele, die wünscht, dass Gott sich ihr ganz schenke, muss sich ihm ganz und rückhaltlos geben.

128 Die Seele, die sich in Liebeseinung befindet, hat nicht einmal mehr [die Gefährdung durch ungewollte] erste Regungen.

129 Es wäre sehr erstaunlich, wenn die alten Freunde Gottes gegen Gott fehlten, denn sie stehen schon über allen Ursachen von Verfehlung.

130 Du mein Geliebter, alles Unangenehme und Mühselige wünsche ich für mich und für dich alles Köstliche und Sanfte.

131 Was wir zum inneren Fortschritt vor allem brauchen, ist Aufhören der Wünsche und Worte vor diesem großen Gott. Denn seine Sprache, die er vor allem hört, ist allein die der schweigenden Liebe.

132 Die Kerze löschen[20], um Gott zu suchen. Das Licht, das draußen vor dem Stolpern schützt, bewirkt das Gegenteil im göttlichen Innenbereich. So dass es hier besser und sicherer für die Seele ist, wenn sie nichts sieht.

43

133 Man macht mit Gottes Vermögen in einer Stunde mehr Gewinn als mit dem unseren im ganzen Leben.

134 Es sei dir lieb, kein Ansehen zu genießen, weder bei dir noch bei anderen. Sieh niemals weder auf fremde Vorteile noch Übel.

135 Mit Gott allein wandeln, aus der Mitte wirken, Gottes Schätze verbergen.

136 Sich wagen und sich verlieren und anderen zum Gewinn dienen, ist dem mutigen Sinn, dem großzügigen, gebefreudigen Herzen eigen. Dazu gehört, dass man gibt, ehe man empfängt, bis man schließlich sich selber gibt. Denn man empfindet es als große Last, ichbesessen zu sein, so dass man sich lieber selbstvergessen in Besitz nehmen lässt. Gehören wir doch mehr jenem unendlich Guten als uns selbst.

137 Es ist ein großes Übel, wenn wir mehr Gottes Gaben im Auge haben als Gott selbst in Gebet und Selbstentäußerung.

138 Schau auf jene unendliche Weisheit und auf jenes verborgene Geheimnis: Welch einen Frieden, welch eine Liebe, welch ein Schweigen birgt diese göttlichen Brust! Welch ein erhabenes Wissen wird hier von Gott gelehrt! Es ist das, was wir »anagogische Akte« [mystische Auslegung] nennen, in denen das Herz heftig entbrennt.

44

139 Jedesmal wird das erfahrene Geheimnis erheblich herabgemindert und entwertet, wenn man seine Früchte anderen mitteilt. Denn dann erhält man als Lohn die Frucht vergänglichen Ruhms.

140 Sprich wenig und misch dich nicht ein, wenn man dich nicht gefragt hat.

141 Du sollst dich weder rechtfertigen noch dich verweigern, wenn alle dich kritisieren. Höre jeden Vorwurf heiteren Angesichts. Stell dir vor, dass Gott dieses sage.

[142 irrtümlich übersprungen in der benutzten spanischen Ausgabe – Text aber vollständig]

143 Lebe so, als gebe es nichts in dieser Welt als Gott und dich selbst, damit nichts Menschliches dein Herz aufhalte.

144 Schreibe es der Barmherzigkeit Gottes zu, wenn man dir gelegentlich ein gutes Wort sagt. Denn verdient hast du keines.

145 Vergeude niemals dein Herz, nicht einmal für die Dauer eines Credos.

146 Höre dir nichts an über die Schwächen anderer. Und wenn jemand sich bei dir über einen anderen beklagt, kannst du ihm in Demut sagen, er möge dir nichts erzählen.

147 Beklage dich über niemanden und frage nach nichts. Ist es aber nötig, eine Frage zu stellen, so geschehe es mit wenigen Worten.

148 Verweigere keine Arbeit, auch wenn du meinst, du könnest sie nicht leisten. Und übe Barmherzigkeit gegen alle.

149 Widersprich nicht. Sag auf keinen Fall unlautere Worte.

150 Das Gesagte sei so, dass es niemanden kränkt. Und sprich nur das aus, was dich nicht reut, wenn alle es wissen.

151 Verweigere nichts, was du hast, auch wenn du es brauchst.

152 Verschweige, was Gott dir vielleicht sagt und denk an das Wort der Braut: Mein Geheimnis ist mein (Jes 24,16).

153 Versuche dein Herz in Frieden zu halten. Lass dich von keinem Ereignis der Welt beunruhigen. Bedenke, wie alles ein Ende nehmen muss.

154 Befasse dich nicht groß damit, wer für dich ist und wer gegen dich, versuche nur immer, Gott zu gefallen. Bitte ihn, dass sein Wille in dir geschehe. Liebe ihn sehr, denn das hat er verdient.

155 [*Zu den 12 Sternen im karmelitischen Wappen*]: Zwölf Sterne um zur höchsten Vollkommenheit zu gelangen: Gottesliebe, Nächstenliebe, Gehorsam, Keuschheit, Armut, Anwesenheit beim Chorgebet, Buße, Demut, Selbstüberwindung, Gebet, Schweigen, Frieden.

156 Nimm dir in deinem Tun keinen Menschen zum Vorbild, wie heilig auch immer er sei. Denn der Teufel könnte dir ja gerade dessen Unvollkommenheiten als Vorbild hinstellen. Ahme stattdessen Christus nach, den Gipfel der Vollkommenheit und Heiligkeit und du wirst dich niemals irren.

157 Sucht durch Lektüre, dann werdet ihr finden in der Meditation. Ruft durch das Gebet, und das Tor wird euch in der Kontemplation aufgetan.

158 [*Bericht*]: Man fragte einmal den ehrwürdigen Pater Johannes vom Kreuz, wie man zur Ekstase komme. Dieser antwortete, indem man den eigenen Willen verleugne und den Gottes tue. Denn Ekstase sei nichts anderes als ein Über-sich-Hinausgehen der Seele und Sich-von-Gott-Ergreifen-Lassen, und das geschehe nur dem, der Gott Folge leiste. Das nämlich bedeute vom Eigenwillen fortgehen, und so befreit vom Ballast gehe man in Gott auf.

159 [21] Wer aus reiner Liebe etwas für Gott tut, legt nicht nur keinen Wert darauf, dass es die Menschen erfahren, selbst Gott braucht es nicht zu wissen. Ein solcher wird nicht aufhören, die gleichen Dienste mit immer gleicher Freude und Liebe zu leisten, auch wenn sie niemals bekannt werden.

160 *Ein Rat um das Begehren zu besiegen:* Von dem Wunsche nach der Nachfolge Christi in allem Tun erfüllt sein, mit seinem Leben übereinstimmen, das betrachtet werden muss, um es nachahmen zu können, und sich in allem so zu verhalten, wie es Christus getan hätte.

161 Um das tun zu können, muss man auf jegliches Begehren oder Gefallen, das nicht ausschließlich dem Ruhm und der Ehre Gottes dient, verzichten und im Leeren bleiben aus Liebe zu dem, der in diesem Leben nichts anderes hatte und tun wollte als den Willen Gottes, den er seine Nahrung und Speise nannte[22].

162 Um die vier natürlichen Leidenschaften zu überwinden, nämlich Freude, Trauer, Furcht und Hoffnung, bediene dich des folgenden:
Versuche immer das Schwerere dem Leichteren vorzuziehen, das Unschmackhafte dem Schmackhaften, das Unangenehmere dem Angenehmeren. Wünsche nicht Ruhe, sondern größte Mühe, nicht Trost, sondern das, was nicht tröstet. Suche nicht das Mehr, sondern das Weniger, nicht das Höchste und Kostbarste, sondern das Niederste und Geringste. Deine Haltung sei nicht das Wollen, sondern das Nichts-Wollen, suche bei den Dingen nicht das Beste, sondern das Unbedeutendste, und füge dich um Jesu Christi willen in Armut und Leere und Nacktheit, so sehr es in dieser Welt möglich ist.

163 *Gegen die Wollust:* Bemühe dich bei dir und anderen um Losgelöstheit im Tun[23]. Bemühe dich, gering von dir zu sprechen und zu wünschen, dass auch andere es tun mögen. Bemühe dich, gering von dir zu denken und zu wünschen, dass auch andere es tun.
Sr. Magdalena berichtet: Bei all dem, was der ehrwürdige Pater schrieb, schrieb er einmal jeder der Schwestern einen Sinnpruch für ihren geistlichen Fortschritt. Und wenn ich

auch alle abschrieb, blieben mir nur die beiden, die jetzt folgen:

164 Sei stark im Herzen gegen alles, was dich von Gott abzieht, und sei Freundin der Leiden um Christi willen.

165 Promptheit im Gehorchen, Freudigkeit im Leiden, keine begehrlichen Blicke, keine Neugier. Nur Schweigen und Hoffnung.

[aus verschiedenen Quellen]:
166 Halte, so sehr du kannst, Zunge und Gedanken im Zaume, und habe immer Gott im liebevollen Sinn. Dann wird dir der Geist göttlich erwärmt. Lies dies immer wieder[24].

167 Man soll nicht unaufgefordert predigen. Wertvoller ist Selbstüberwindung, auch wenn sie schwerfällt[25].

168 *Wegen Situationsgebundenheit gekürzt. Inhalt nach langer Vorerklärung:* Demut und Gehorsam sind wichtiger als Ordensprivilegien.

169 [26] Je mehr du dich vom Irdischen entfernst, um so mehr näherst du dich dem Himmlischen an und findest zunehmend zu Gott.

170 Wer allem zu sterben weiß, findet Leben in allem.

171 Halte dich fern vom Bösen, tu Gutes und such den Frieden.

172   Wer sich beklagt oder murrt, ist weder vollkommen noch ein guter Christ.

173   Demütig ist, wer sich verbirgt ins eigene Nichts und sich Gott zu überlassen weiß.

174   Sanftmütig ist, wer sich selbst und den Nächsten ertragen kann.

175   Willst du vollkommen sein, so verkauf deinen Willen und gib ihn den Armen im Geiste, und komm in Sanftmut und Demut zu Christus, um ihm zu folgen bis an das Kreuz und bis ins Grab. (vgl. Mt 19,21).

176   Wer auf sich selbst vertraut, ist schlimmer als der Teufel.

177   Wer den Nächsten nicht liebt, verachtet Gott.

178   Wer halbherzig vorgeht, ist nah am Fallen.

179   Wer das Gebet flieht, flieht alles, was gut ist.

180   Es ist mehr wert, seine Zunge im Zaum zu halten, als bei Wasser und Brot zu fasten.

181   Es ist mehr wert, um Gottes willen zu leiden, als Wunder zu vollbringen.

182   O welche Herrlichkeiten werden es sein, die wir beim Anblick der Heiligen Dreifaltigkeit genießen!

183 Wenn sich in die Unterhaltungen ein Wort mischte, das Gottes unwürdig war, sagte er mit einem Lächeln: Lassen wir doch dieses unnütze Zeug!

185 Manchmal sprach er inmitten seiner Reden diese Worte: Auf! Zum ewigen Leben! damit alle ihr Denken auf Gott richteten.

186 Einer Schwester, die ihn fragte: Warum lesen Sie so oft die Messe zur Heiligen Dreifaltigkeit? antwortete er lächelnd: Weil ich sie für den größten Heiligen im Himmel halte.

188 In scherzhafter Form sagte er manchmal: Seit ich mich dem Nichts anheimgab, fehlt mir nichts.

189 Bruder Bernabé de Jesús hörte ihn manchmal sagen: Lasst uns gut sein und im kontemplativen Geiste verharren. Dann wird uns der Herr nicht fehlen.

190 Zu Maria de la Concepción sagte er mehrfach etwa Folgendes: O meine Tochter, hören Sie! Sie müssen sich vorstellen, es gebe nichts auf der Welt als Gott und Sie. Von daher müssen Sie arbeiten und wirken.

191 Für Ana de San Alberto wiederholte er: O himmlische Hoffnung, die du so viel erlangst, wie du erhoffst!

192   Inocencio de San Andrés berichtet, dass Juan de la Cruz bei passender Gelegenheit sagte: Meine Söhne, wie wäre man denn arm, wenn einem nichts fehlte? Haben wir nicht Armut gelobt? Lasst uns sie also umarmen, wenn wir etwas vermissen.

193   Er sagte gern: Meine Brüder, arm sein heißt Not leiden und sie Gott zuliebe umarmen. Meiden wir die Umarmung mit dem Überfluss. Heißen wir die Armut bei uns willkommen und ertragen wir mit Freude ihren Mangel, denn Gott will uns damit prüfen.

202   Er pflegte zu sagen: Misstraue nicht deinem Bruder, denn damit wirst du die Reinheit des Herzens verlieren.

204   Er sagte zu Fray Juan de Santa Ana, der die Verdammnis fürchtete: Woran denken Sie jetzt? Warum sollen Sie verdammt sein? Machen Sie sich klar, dass das alles nur Eigenliebe ist. Lieben Sie Gott ganz rein, ganz selbstlos als den, der er ist. Und überlassen Sie den Rest dem göttlichen Ratschluss, denn seine Majestät wird tun, was ihm beliebt, und das wird es auch sein, was für Ihre Seele am besten ist.

205   Ein andermal sagte er zu ihm: Sehen Sie, Pater Juan, Sie dürfen nicht aufgeben. Wenn Gott Sie für die Hölle vorgesehen hat, müssen Sie zweifellos dorthin. Aber ich gebe Ihnen ein wirksames Heilmittel: Stellen Sie sich gut mit Gott, indem Sie ihn rein und innig lieben. Wenn Sie sich so an ihm festhalten, werden Sie den Herrn bei sich haben, wohin auch immer er Sie sendet. Und wenn Sie Gott haben, was wollen Sie noch? Denn selbst in der Hölle

werden Sie mit ihm selig sein. Was ich hiermit sagen will, ist Folgendes: Wenn Sie allein nach der Liebe und dem Dienst Gottes trachten, wenn Sie nichts anderes tun, dann brauchen Sie keine Hölle zu fürchten. Denn Gott verdammt den nicht, der ihm getreulich dient bis in den Tod[28].

3
Richtlinien
für das wahre Ordensleben

Instrucción y Cautelas[29]

1 Die Seele, die bald zu heiliger Kontemplation, innerem Schweigen, geistiger Armut und Nacktheit kommen möchte, wodurch man die friedvolle Erquickung des Heiligen Geistes genießt und die Gotteinung erlangt; und die sich dafür von allen kreatürlichen Verstrickungen dieser Welt befreien, vor der List des Teufels schützen und vor sich selber retten will, muss sich an die folgenden Ausführungen praktisch halten. Sie wird das tun im Wissen, dass aller Schaden, der ihr zuteil werden kann, von den erwähnten drei Feinden herrührt: Von der Welt, vom Teufel und vom Fleische.

2 Die Welt ist der am wenigsten schwierige Feind. Der Teufel ist schon schwerer zu erkennen, das hartnäckigste von allen aber ist das Fleisch, und seine Bedrohung dauert, so lang der »alte« Mensch am Leben bleibt.

3 Um einen dieser Feinde besiegen zu können, muss man alle drei besiegen. Und hat man einen geschwächt, so sind auch die beiden anderen schon weniger stark. Sind aber alle drei besiegt, braucht die Seele keinen Krieg mehr zu führen.

57

4 Um dich vollkommen von dem Schaden zu befreien, den die Welt dir zufügen kann, musst du drei Richtlinien beachten:

Erste Richtlinie

5 Die erste besagt, dass du für alle Personen gleiche Liebe und gleiche Gelassenheit haben mögest, seien es nun Verwandte oder nicht. Wahre dein Herz sogar gegenüber nahen Angehörigen noch etwas mehr, denn bei diesen besteht die Gefahr, dass Fleisch und Blut sich durch die natürliche und immer lebendige Liebe der Verwandtschaft vordrängen. Das muss wegen der erstrebten geistigen Vollkommenheit vermieden werden. Betrachte sie wie andere auch, du handelst dann besser an ihnen, als wenn du ihnen die Zuwendung gibst, die du Gott schuldest.

6 Liebe keine Person mehr als die andere, du wirst sonst in die Irre gehen. Denn nur der hat größere Liebe verdient, den Gott mehr liebt. Du aber weißt nicht, wen Gott lieber hat. Wahrst du jedoch allen gegenüber die gleiche Gelassenheit, so wie es der heiligen Kontemplation entspricht, bewahrst du dich vor dem Fehler, sie unterschiedlich zu schätzen. Denk nicht über sie nach, rede mit ihnen weder über Gutes noch Böses und halte dich fern von ihnen, so gut es geht. Wenn du dich daran nicht hältst, taugst du nicht zum Ordensleben und kannst weder zur heiligen Kontemplation gelangen noch dich von deinen Unvollkommenheiten befreien. Wenn du für dich aber irgendeine Sonderstellung beanspruchen willst, so narrt dich auf die eine oder andere Weise der Teufel oder du dich selbst mit deinen Schattierungen von gut und böse. Sicher bist du dagegen, wenn du den genannten Richtlinien folgst, und anders kannst du dich nicht von den Schäden und Unvollkommenheiten freimachen, denen die Seele im Umgang mit den Geschöpfen ausgesetzt ist.

Zweite Richtlinie

7 Die zweite Richtlinie gegen die Welt bezieht sich auf die irdischen Güter. Wenn die Seele sich wirklich von ihren Mängeln freimachen und das Übermaß an Begehrlichkeiten mindern will, muss sie jeder Art von Besitz abhold sein und du darfst ihr keine sorgenden Überlegungen gestatten: weder hinsichtlich des Essens noch der Kleidung noch anderer materieller Dinge, auch nicht wegen des morgigen Tages. Du musst solche Sorgen auf Höheres richten, wie nämlich das Reich Gottes zu suchen sei, das heißt also, wie Gott nicht zu verfehlen ist. Alles übrige wird uns, wie seine Majestät [Christus] sagt, hinzugegeben. Denn der sich um die Tiere kümmert, wird auch dich nicht vergessen. Mit dieser Haltung erwirbst du das Schweigen und den Frieden der Sinne.

Dritte Richtlinie

8 Die dritte Richtlinie ist sehr wichtig, damit du dich im Kloster vor jedem Schaden hütest, den dir die Mitbrüder zufügen könnten. Die sich daran nicht hielten, verloren nicht nur den Frieden und das Glück ihrer Seele, sondern fielen gewöhnlich auch in große Übel und Sünden. Nämlich: du musst an das, was in der Gemeinschaft vorgeht, keine Gedanken und erst recht keine Worte verschwenden,

was auch immer es sei. Und ebenso wenig an einen bestimmten Mönch, sein Herkommen, seinen Umgang, seine Angelegenheiten, wie schwerwiegend etwas davon auch scheinen mag. Ereifere dich nicht und wolle nicht abhelfen, es sei denn, du sagst es zu gegebener Zeit dem, der ein Recht auf deine Mitteilung hat. Du darfst dich weder empören noch wundern, wenn du Dinge siehst, die du nicht verstehst. Bemühe dich bei allen den Gleichmut deiner Seele zu wahren.

9   Denn wenn du mit der Beachtung einmal beginnst, wird dir, selbst wenn du unter Engeln lebtest, manches nicht gut erscheinen, weil du seine innerste Ursache nicht kennst. Nimm Lots Frau als Beispiel (Gen 19,26), die sich über die Vernichtung der Sodomiter so erregte, dass sie den Kopf wandte und zurücksah. Wofür sie der Herr strafte, indem er sie in eine Salzsäule verwandelte. So musst du verstehen, dass, selbst wenn du unter Teufeln lebtest, Gott wünscht, du mögest dies so tun, dass du deine Gedanken nicht zu ihnen hinwendest. Vielmehr sollst du dich überhaupt nicht um sie kümmern und dich lieber bemühen, deine Seele ganz und rein vor Gott zu bringen, ohne dass auch nur ein Gedanke an dieses oder jenes sie beunruhigt.
Nimm darum an, dass es in den Klöstern und Gemeinschaften immer Steine des Anstoßes gibt, denn es fehlt nie an Teufeln, die die Heiligen zu Fall bringen wollen. Und Gott lässt das zu, um diese zu prüfen und im Rechten zu üben. Und wenn du dich, wie gesagt, nicht so zurückhältst, als seiest du gar nicht im Hause, wirst du weder ein Ordensmann sein können, so sehr du dich auch bemühst, noch

zur heiligen Nacktheit und Kontemplation gelangen, noch auch dich von den Schäden freihalten können, die dir dabei drohen. Denn wenn du dich nicht so verhältst, so wird dich, wie gut auch immer dein Ziel und deine Absicht sein mögen, doch der Teufel beim einen oder anderen erwischen. Du bist ihm ja eine leichte Beute, wenn du der Seele gestattest, sich wegen irgendetwas zu zerstreuen. Und denk an das, was der Apostel Jakobus sagte: Wer meint, er diene Gott, aber seine Zunge nicht im Zaum hält, dessen Gottesdienst ist wertlos (Jak 1,26). Das gilt gleichermaßen für die inneren Worte wie für die geäußerte Sprache.

GEGEN DEN TEUFEL

10   Anderen Richtlinien muß der folgen, der sich in seinem Streben nach Vollkommenheit von seinem zweiten Feind, dem Teufel, befreien will. Dazu muss man wissen, dass der Teufel unter seinen vielen Ränken gegen die Ordensleute es vorzieht, sie auf der Ebene des Guten und nicht des Bösen zu Fall zu bringen. Denn er weiß, dass sie sich zum erkennbar Bösen kaum bereit finden würden. Und so musst du bei dem, was dir als gut erscheint, immer achtgeben, besonders wenn dabei kein Gehorsam im Spiel ist. Zur Sicherheit solltest du den Rat des Vorgesetzten einholen.

Erste Richtlinie
11   Deine erste Richtlinie sei, dass du dich nie außerhalb deiner üblichen Pflichten zu Dingen bewegen lässt, die der

Gehorsam dir nicht befiehlt, so gut und dem Geiste der Liebe entsprechend sie dir auch für dich selbst oder für jemanden innerhalb oder außerhalb des Hauses erscheinen mögen. So gewinnst du Verdienst und Sicherheit, bleibst distanziert und meidest Schaden und Schäden unbekannter Art, für die Gott eines Tages Rechenschaft von dir fordern wird. Wenn du das aber im Großen und Kleinen nicht beachtest, wird dich, so sehr du auch meinst, das Rechte zu tun, im Großen oder Kleinen der Teufel narren. Auch wenn du dann nur nicht in allem im Gehorsam bleibst, ist doch die Verfehlung schon schuldhaft. Denn Gott will lieber Gehorsam als Opfer[30], und die Handlungen des Ordensmannes sind nicht die seinen, sondern die des Gehorsams. Wenn er sie davon ablöst, wird man ihn zur Rechenschaft ziehen wie bei Versäumtem.

Zweite Richtlinie

12   Die zweite Richtlinie sei, dass du auf den Vorgesetzten, wie auch immer er sei, nicht anders schaust als auf Gott, denn er wurde dir an seine Stelle gesetzt. Und sei darauf gefasst, dass gerade hier der Teufel gern eingreift. Den Vorgesetzten so zu sehen, bedeutet großen Gewinn und Fortschritt, und anders sind Verlust und Schaden erheblich. So wache mit großer Aufmerksamkeit darüber, dass du dich weder um sein Wesen noch um seine Art oder Absicht und sonstige Vorgehensweisen kümmerst. Denn damit schadest du dir sehr, weil du den göttlichen Gehorsam in einen menschlichen verwandelst und dich motiviert oder unmotiviert fühlst durch das, was du von dem sichtbaren Vorgesetzten wahrnimmst und nicht vom unsichtba-

ren Gott, dem du in ihm dienst. Dann wird dein Gehorsam um so vergeblicher und fruchtloser, je mehr er dir durch das unangenehme oder angenehme Wesen des Vorgesetzten schwer oder leicht gemacht wird.

Ich kann dir nämlich sagen, dass diese Betrachtungsweise viele Ordensleute in der Vollkommenheit beeinträchtigt hat, so dass ihr Gehorsam, weil sie sich selbst darüberstellten, nur wenig wert war in den Augen Gottes. Wenn du dich nicht strikt daran hältst, so dass es dir von deinem persönlichen Gefühl her gleichgültig wird, ob nun der eine oder der andere dein Vorgesetzter ist, wirst du weder ein geistlicher Mensch sein noch deine Gelübde richtig halten können.

Dritte Richtlinie

13 Die dritte direkt gegen den Teufel gerichtete Richtlinie ist, dass du dich stets um Demut bemühst in Werken und Worten, indem du dich über das Gute der anderen freust wie über dein eigenes und wünschst, dass man sie dir in allem vorziehe. Und das aus ehrlichem Herzen. So besiegst du das Böse durch das Gute, wirfst den Teufel hinaus und bist im Tiefsten fröhlich. Versuche dich darin an jenen zu üben, die du am wenigsten magst. Und du musst auch wissen, dass du ohne eine solche Übung weder zur wahren Liebe gelangen noch in ihr vorankommen kannst. Und sei auch lieber bereit, dich von allen belehren zu lassen als selbst belehren zu wollen, und sei es nur den Geringsten.

14 An drei Richtlinien muß sich halten, wer als dritten Feind sich selbst und seine Sinnlichkeit besiegen will.

Erste Richtlinie
15 Als erstes musst du bedenken, dass du nicht anders ins Kloster gegangen bist als mit der Bereitschaft, dass alle dich bearbeiten und zurechtschleifen mögen. Darum also um dich frei zu machen von all den Verstimmungen und Unvollkommenheiten, die sich aus den Eigenarten und der Umgangsweise der Brüder ergeben könnten und um an allen Vorkommnissen zu wachsen, musst du dir vorstellen, sie alle seien im Kloster mit dem Auftrag dich zu formen, wie es ja auch der Wahrheit entspricht. Und es ist das Amt einiger, dich mit Worten zu bearbeiten, anderer mit Taten, der dritten mit ihren gegen dich gerichteten Gedanken. Diesem allen musst du dich unterwerfen, so wie die Statue bald dem unterworfen ist, der sie meißelt, bald dem, der sie bemalt, bald dem, der sie vergoldet. Wenn du dich hieran nicht hältst, kannst du deine Sinnlichkeit und Gefühle weder besiegen noch wirst du dich wohlfühlen in der Gesellschaft deiner Mitbrüder. Du könntest dann weder deinen heiligen Frieden finden noch frei werden von vielen Übeln und Steinen des Anstoßes.

Zweite Richtlinie
16 Die zweite Richtlinie besagt, dass du niemals Werke unterlassen sollst aus Mangel an Lust und Laune, wenn doch der Dienst an Gott sie fordert. Allerdings sollst du auch nichts einfach tun, weil es dir Freude macht. Du musst

vielmehr die angenehmen und erfreulichen Arbeiten in der gleichen Gesinnung durchführen wie die unangenehmen. Anders kannst du unmöglich Beständigkeit erlangen und deine Schwachheit besiegen.

Dritte Richtlinie
17   Die dritte Richtlinie muss sein, dass der geistliche Mensch niemals sein Augenmerk auf die Übungen lenke, die ihm gefallen, um sich an sie zu klammern und sie nur wegen ihrer Annehmlichkeit auszuführen. Er darf auch nicht vor ihrem Bitteren fliehen, eher muss er das Unangenehme und Mühevolle an ihnen suchen und umarmen. Dadurch wird seine Sinnlichkeit gezügelt. Denn anders wirst du nicht deine Eigenliebe verlieren und kannst nicht die Liebe Gottes gewinnen.

4
Vier Ratschläge
an einen Ordensmann

Cuatro avisos a un religioso para
alcanzar la perfección

VIER EMPFEHLUNGEN FÜR EINEN ORDENSMANN[31]
ZUM ERLANGEN DER VOLLKOMMENHEIT

1 Euer Lieb[32] erbaten von mir viel in wenigen Worten,
was eine Menge Zeit und Papier erfordert hätte. Da es mir
an diesem allen fehlt, werde ich versuchen, mich kurz zu
fassen und nur einige Hauptpunkte oder Empfehlungen
hervorzuheben, die letztlich viel enthalten und dem zur
Vollkommenheit verhelfen werden, der sich vollkommen
daran hält.
Wer ein wahrer Mönch sein und seinen Stand so erfüllen
will, wie er es Gott versprach, wer in den Tugenden vorankommen und das Wohltuende und Beglückende des
Heiligen Geistes erfahren will: der wird das nicht können,
wenn er sich nicht mit größter Sorgfalt um folgende vier
anzuratende Haltungen bemüht, als da sind: Gelassenheit,
Selbstüberwindung, Tugendeinübung, äußere und innere
Einsamkeit.

2 Um das erste, die Gelassenheit zu wahren, muss man im Kloster leben, als gebe es darin niemanden sonst. Niemals auch mische man sich, weder mit Worten noch in Gedanken, in die Angelegenheiten der Gemeinschaft oder einzelner Personen. Man sollte weder ihrem Guten noch ihrem Bösen noch ihrer Wesensart Beachtung schenken. Zur Wahrung der Seelenruhe weder etwas bemerken noch sich einmischen wollen, und gehe auch die Welt unter. Man denke an Lots Frau, die sich in harten Stein verwandelte, weil sie den Kopf wandte nach dem Geschrei und Lärm der Untergehenden (Gen 19,26). Man muss diese Zurückhaltung mit großer Entschlossenheit verteidigen, denn mit ihr befreit man sich von vielen Sünden und Unvollkommenheiten und wahrt die Ruhe und den Frieden der Seele mit großem Fortschritt vor Gott und den Menschen. Man sollte das sehr beachten, denn viele Mönche, die sich nicht daran hielten, brachten nicht nur die anderen Tugenden des Ordens, in dem sie Profess ablegten, niemals zur Geltung: Sie fielen stattdessen immer mehr zurück vom Schlechten zum Schlimmen.

3 Um das zweite, nämlich die Selbstüberwindung ins Werk zu setzen und daran zu wachsen, müssen Sie Ihrem Herzen tief die folgende Wahrheit einprägen: Sie sind für nichts anderes ins Kloster gekommen, als dass man Sie bearbeite und übe in Tauglichkeit. Und Sie gleichen dabei dem Stein, den man bearbeitet und glättet, ehe er in das Gebäude eingefügt wird. Das ist so zu verstehen, als seien alle Klosterinsassen nichts anderes als Handwerker, Künstler, die Gott dort einsetzte, einzig um Sie zu bearbeiten und

zu glätten zum Zwecke der Selbstüberwindung. Und die einen werden Sie mit Worten bearbeiten, indem sie sagen, was Sie nicht hören wollen. Andere durch ihr Tun, indem sie Ihnen zumuten, was Ihnen unerträglich ist. Weitere mit ihrer Wesensart, da sie als solche Ihnen lästig und in der Weise ihres Vorgehens ein Ärgernis sind. Andere wieder durch ihre Gedanken, da sie bei sich denken, dass sie Sie weder schätzen noch lieben.

Und all diese Belastungen und Kränkungen müssen Sie mit Geduld im Innern ertragen, müssen schweigen in Gottesliebe, indem Sie verstehen, dass Sie ins Kloster gingen einzig um sich so zurechtschleifen zu lassen und des Himmels würdig zu werden. Denn gäbe es dieses nicht, so könnte man ja auch in der Welt bleiben und ihre Freude, ihre Ehre, ihr Ansehen und ihre Freiheit erstreben.

4   Diese zweite Empfehlung ist absolut notwendig, wenn der Mönch seine Berufung erfüllen und zu wahrer Demut, innerem Frieden und Freude im Heiligen Geiste gelangen soll. Unterwirft er sich dem nicht, weiß er weder, was es bedeutet Mönch zu sein noch weshalb er sich für das Ordensleben entschied. Er ist nicht fähig Christus zu suchen, denn er sucht nur sich selbst. So kann er keinen Frieden für seine Seele finden, er wird weiter sündigen und oft deprimiert sein. Denn nie wird es in einem Kloster an Gelegenheiten [zur Sünde] fehlen, noch will Gott sie missen. Denn weil er die Seelen dort hinbringt, damit sie sich reinigen und läutern wie Gold durch Feuer und Hammer[33], dürfen Versuchungen und Prüfungen durch Menschen und Teufel nicht fehlen, läuternde Feuer der Ängste und Trost-

losigkeiten. In diesen Dingen muss der Mönch sich üben und sich bemühen, sie in Geduld und Annahme des göttlichen Willens zu tragen. Nicht aber sollte man so reagieren, dass man, statt Gottes Prüfung zu bestehen, sie ihm zum Vorwurf macht, weil man das Kreuz Christi nicht in Geduld tragen will. Weil viele Mönche nicht wissen, dass sie hierfür kamen, ertragen sie die anderen schlecht. Sie werden am Tage des Gerichts beschämt ihren Selbstbetrug erkennen.

5   Um sich im dritten, nämlich in den Tugenden zu üben, bedürfen Sie der Ausdauer für die Verwirklichung der Ordensdinge und des Gehorsams. Und das einzig für Gott ohne irgendwelche weltlichen Rücksichten. Um das so und ohne Täuschung zu vollbringen, richten Sie niemals das Augenmerk auf Ihre Lust oder Unlust, um das Werk zu tun oder zu lassen, sondern einzig auf die Begründung, dass Sie es für Gott tun. So müssen Sie es überhaupt mit allen Tätigkeiten halten, seien sie Ihnen nun lieb oder leid: alles mit dem einzigen Ziel Gott zu dienen.

6   Um aber kraftvoll und mit solcher Ausdauer zu Werke zu gehen, dass Sie in den Tugenden schnell und sichtbar vorankommen, achten Sie immer darauf, sich mehr dem Schweren als dem Leichten zuzuneigen, dem Rauhen mehr als dem Sanften und der mühevollen und unangenehmen Seite des Werkes mehr als der angenehmen und lustvollen. Auch sollten Sie für Ihre Vorhaben nicht die geringere Last, also das kleinere Kreuz erwählen[34]. Denn je schwerer es lastet, um so leichter wird es, weil Gott es trägt.
Seien Sie stets bemüht, dass bei allen Erleichterungen die Mitbrüder bevorzugt werden, indem Sie selbst sich immer

hintan setzen, und tun Sie das mit ganzem Herzen. Denn so wird man der Größte im Geistlichen, wie es uns Gott im Evangelium sagt: Wer sich erniedrigt, soll erhöht werden (Lk 14,11).

7   Um das vierte, nämlich die Einsamkeit zu verwirklichen, müssen Sie mit allem Weltlichen abgeschlossen haben. Sind Sie aber dennoch gezwungen, damit umzugehen, so tun Sie das so unbeteiligt, als sei es gar nicht.

8   Und um alles, was draußen ist, kümmern Sie sich überhaupt nicht, denn Gott hat sie da herausgeholt und entpflichtet. Tun Sie nicht selbst, was Sie an Dritte delegieren können, denn es ist gedeihlich für Sie, weder jemanden sehen zu wollen noch von jemandem gesehen zu werden. Und bedenken Sie gut, dass Gott, der schon von jedem Gläubigen genaue Rechenschaft über ein müßiges Wort fordert, dies um so mehr von einem Mönch, der all sein Leben und Tun ihm geweiht hat, am Tag der Rechtfertigung verlangen wird[35].

9   Ich will damit nicht sagen, dass man seine Aufgaben und was der Gehorsam sonst verlangen mag, vernachlässigen und nicht mit allem nur möglichen und notwendigen Eifer erfüllen soll. Sie müssen das aber in einer Weise tun, die keine Schuld aufkommen lässt, denn das fordern weder Gott noch der Gehorsam.
Bemühen Sie sich darum um Ausdauer im Gebet und unterlassen Sie es auch nicht inmitten ihrer äußeren Tätigkeiten. Also essen Sie, trinken Sie, treffen Sie sich und sprechen Sie mit Weltleuten oder tun Sie sonst etwas, aber immer

mit Gott im Herzen und in allem nach ihm strebend. Das ist höchst notwendig für die innere Einsamkeit, in der es gilt, dass sich die Seele bei keinem nicht auf Gott bezogenen Gedanken aufhalte und Abstand nehme von allen Dingen, die sind und vergehen in diesem elenden und kurzen Leben. Sie sollten in keinem Falle anderes wissen wollen, als wie man Gott am besten dient und in allem seine Gebote wahrt.

10 Wenn Euer Lieb sich an diese vier Ratschläge sorgfältig halten, werden Sie sehr bald vollkommen sein. Diese vier Dinge ergänzen einander so, dass, wenn Sie eines verfehlen, aufgrund dieses einen Versäumnisses auch das, was Sie durch die anderen gefördert wurden und gewannen, wieder verloren geht.

GRADE DER VOLLKOMMENHEIT[36]

1 Sündige um keinen Preis der Welt, und lasse bewusst auch keinerlei lässliche Sünde oder Unvollkommenheit zu.

2 Versuche immer in der Gegenwart Gottes zu wandeln, möge diese nun real sein oder vorgestellt oder einend, so, wie es zu deinen Tätigkeiten passt.

3 Man sollte niemals etwas tun oder ein wesentliches Wort aussprechen, wenn es nicht auch Christus sagen oder tun könnte, wenn er sich im gleichen Stande, im gleichen Alter und Gesundheitszustand befände.

4   Suche in allem die höchste Ehre und Verherrlichung Gottes.

5   Unterlass unter keinen Umständen das kontemplative Gebet, denn es ist Nahrung der Seele.

6   Unterlass unter keinen Umständen die Gewissenserforschung, und tu Buße für jeden Fehler.

7   Empfinde höchst schmerzlich jede Zeitvergeudung oder eine Lebenszeit ohne Gottesliebe.

8   Im Großen wie im Kleinen habe Gott zum Ziel, denn anders kannst du nicht wachsen in Verdienst und Vollkommenheit.

9   Vernachlässige nie das Gebet, und wenn du dabei Schwierigkeiten hast und Trockenheit erfährst, halte eben deswegen daran fest. Denn Gott will manchmal sehen, wie es um deine Seele steht, und das lässt sich nicht erweisen in Leichtigkeit und Wohlgefallen.

10   Im Himmel und auf Erden wolle stets das Geringste, den letzten Platz und das niedrigste Amt.

11   Mische dich weder in Dinge, die dich nichts angehen, noch bestehe auf etwas, auch wenn du recht hast. Und hinsichtlich des dir Aufgetragenen nimm nicht die ganze Hand, wenn man dir den kleinen Finger reichte. [Wörtlich: die Hand, wenn man dir den Fuß reichte] . Denn manche täuschen sich, indem sie für ihre Pflicht halten, wozu nichts sie verpflichtet, wenn sie es recht betrachten würden.

12 Kümmere dich nicht um fremde Angelegenheiten, seien sie nun gut oder böse. Denn abgesehen von der Gefahr des Sündigens führt es dich in Zerstreuung und mindert den Geist.

13 Bemühe dich immer, in tiefer Erkenntnis deines Elends zu beichten und mit Reinheit und Klarheit.

14 Auch wenn dein Amt und deine Pflichten dir schwer und sauer werden, verzage nicht, denn es wird nicht immer so bleiben. Gott nämlich, der die Seele prüft, indem er ihr das Auferlegte vorsätzlich erschwert, wird sie bald darauf das Gute und den Gewinn spüren lassen.

15 Gedenke stets, dass alles, was dir geschieht, sei es nun förderlich oder schädlich, von Gott kommt. So wirst du weder überheblich noch verzagt.

16 Vergiss nie, dass du ins Kloster gingst, um heilig zu werden. Lass darum die Seele von nichts beherrschen, was nicht zur Heiligkeit führt.

17 Sei immer mehr interessiert am Glück der anderen als am eigenen, so wirst du gegenüber deinem Nächsten weder neidisch noch missgünstig. Das ist wichtig für das Bemühen um Vollkommenheit. Denn Gott wird ärgerlich auf jene, die sein Wohlgefallen nicht dem Beifall der Menschen voranstellen.

Gott allein sei Preis und Ehre!

5
Drei Briefe

Segovia, den 14. April 1589 (?)

Der Friede Christi sei in Ihrer Seele, mein lieber Sohn!
Ich erhielt Ihren Brief, in dem Sie mir schreiben, dass der
Herr Sie von ganzem Herzen wünschen lässt, alles Wollen
auf ihn zu richten und ihn über alles zu lieben. Und Sie
bitten mich hierfür um einige Ratschläge.
Ich freue mich, dass Gott Ihnen so heilsame Wünsche
eingibt, und noch mehr werde ich mich freuen, wenn sie
sich erfüllen. Dafür müssen Sie wissen, dass alle Vorlieben,
Freuden und Beglückungen unserer Seele durch den Willen
entstehen, durch sein Hinstreben nach allem, was sich ihm
als gut, passend und erfreulich darstellt, so dass er es für
kostbar und lustvoll hält. Folglich richtet der Wille sein
Begehren auf alles dieses, er hofft es zu erhalten, freut sich,
wenn er es hat, und fürchtet alsdann es zu verlieren. So ist
also, entsprechend der Anziehungskraft dieser Dinge und
dem mit ihnen verbundenen Lustgewinn, die Seele erregt
und unruhig.

Wenn Sie dieses Erfüllung suchende Hinstreben zu allem, was nicht Gott ist, in sich wirklich vernichten und ausmerzen wollen, müssen Sie sich klarmachen, dass es das Angenehme und Erfreuliche ist, das der Wille in eindeutiger und bestimmter Weise genießen kann, weshalb es ihm eben auch erstrebenswert scheint. Und Sie müssen weiter verstehen, dass keines von diesen angenehmen und erfreulichen Dingen, die dem Willen Befriedigung und Genuss verschaffen, Gott selbst ist. Denn ebenso, wie Gott die Fassungskraft der anderen Seelenkräfte übersteigt, so auch die Genussfähigkeit des Willens. Das heißt, was auch immer in diesem Leben die Seele als angenehm und erfreulich genießen mag, kann, so erhaben es auch sein möge, nicht Gott sein, dessen Wesen der Seele unzugänglich ist. Der Wille kann bewusst nur nach ihm bekannten Objekten streben. Da er aber Gott als solchen nie erfahren hat, da kein Begehren zu seiner Erkenntnis verhilft und er folglich nicht weiß, wie und was Gott ist, kann er auch mit seinem ganzen Wesen und Wünschen und Suchen nicht an ihn heranreichen, denn Gott übersteigt alle seine Fähigkeiten. So ist also klar, dass nichts Bestimmtes, an dem der Wille sich zu erfreuen vermag, Gott ist.

Um sich mit ihm vereinen zu können, muss man sich lösen und leeren von jeder ungeordneten Anhänglichkeit und Freude an allem, was man im Einzelnen genießen kann, sei es nun himmlisch oder irdisch (wörtlich: von oben oder von unten), zeitlich oder geistlich. Erst so, geläutert und gereinigt von allen ungeordneten Freuden, Genüssen und Begierden, kann der Wille sich ganz der Gottesliebe hingeben. Denn wenn es für ihn eine Weise gibt, Gott zu erfassen und sich ihm zu einen, dann nicht durch das Mittel der Begehrlichkeit, sondern durch die Liebe.

Und da das Wohlgefallen des Willens, wie es durch alles Angenehme und Erfreuliche hervorgerufen wird, nicht Liebe ist, muss man folgern, dass keines der lustvollen Gefühle ein adäquates Mittel sein kann, um sich Gott zu einen. Dazu dient einzig die Wirkkraft des Willens, die etwas sehr anderes ist als die gefühlsmäßige Wirkung. Durch seine Wirkkraft wird er eins mit Gott und mündet in ihn, der Liebe ist, nicht aber durch das Gefühl und den Zugriff seines Begehrens, das an den Grenzen der Seele endet. Gefühle können den Willen, der vorankommen möchte, motivierend unterstützen, mehr nicht. Für sich allein genommen gelangt die Seele durch lustvolle Gefühle nicht zu Gott, eher wird sie von ihnen auf sich selbst zurückgeworfen. Aber die Wirkkraft des Willens, nämlich die Gottesliebe, veranlasst die Seele, in ihm allein Wohlgefallen, Beglückung, Freude und Liebe zu suchen, indem sie alles andere hinter sich lässt und ihn über alles liebt.

Ist also jemand zur Gottesliebe bewegt nicht durch die Süße der Empfindung, so hat er diese Süße hinter sich gelassen und seine Liebe Gott zugewandt, den er nicht fühlt. Denn wäre er stehen geblieben bei der Süße der Empfindung, so hätte er seine Liebe dem Geschöpflichen als Ziel und Ende zugewandt, folglich wäre das Tun des Willens pervertiert. Gott ist unbegreiflich und unerreichbar, darum darf sich die Wirkkraft des Willens, um sich Gott zuzuwenden, nicht auf das richten, was er mit seiner Neigung berühren und ergreifen kann, sondern auf das ihm Unbegreifliche und Unerreichbare.

Dann liebt der Wille wahrhaft und sicher nach Art des Glaubens, dann verbleibt er in Dunkelheit und Leere auch seiner Gefühle, vor allem solcher, die er durch seine Einsicht verstehen könnte, so dass er über alles Begreifen glaubt und liebt.

Da es sich so verhält, wäre der sehr unklug, der meinte, weil ihm die geistliche Süße und Beglückung fehlt, fehle ihm Gott. Oder der umgekehrt denkt, er habe Gott, weil er Beglückendes empfindet. Völlig unklug aber wäre es, wollte er diese Süße in Gott suchen, um sie zu genießen und darin zu verweilen. Dann suchte man nicht mehr Gott mit einem rein auf Glauben und Liebe gestützten Willen, sondern man suchte geistliche Süße und Beglückung. Kreatürliches also, und wenn man so dem lustvollen Begehren folgte, liebte man nicht mehr Gott ganz ungemindert über alles (denn das hieße doch, alle Kraft der Liebe auf ihn versammeln). Statt dessen könnte sich der Wille, der sich so an die Kreatur verhaftet, nicht mehr zu Gott erheben, der damit unerreichbar wird. Denn es ist ganz unmöglich, dass der Wille zur Süße und Seligkeit der Gotteinung gelangt, dass er die lieblichen und liebevollen Umarmungen Gottes erwidert, wenn nicht in der Entblößung und Entleerung der Sehnsucht von jedem bestimmten Genuss sowohl des Himmels wie der Erde.

Das meinte David, als er sagte: »Dilata os tuum, et implebo illud« – »Tu deinen Mund auf, ich will ihn füllen« (Ps 81,11). Dieses bedeutet, dass die Sehnsucht der Mund des Willens ist, der sich Gott auftut, wenn ihn nicht schon ein anderer Bissen mit seinem Geschmack erfüllt und behindert. Denn die Sehnsucht verengt sich, sobald sie sich auf Bestimmtes richtet, weil außer Gott alles beengt[37].

Soll es also der Seele gelingen, zu Gott zu kommen und sich mit ihm zu vereinen, darf der Mund ihres Willens nur für Gott geöffnet sein, frei von jedem anderen begehrten Bissen, damit Gott ihn fülle und erfülle mit seiner Süße und Liebe. Ihn darf nur hungern und dürsten nach Gott allein, ohne in irgend etwas anderem seine Befriedigung zu suchen, denn Gott als solchen kann er nicht verkosten. Was man verkosten kann, nachdem man es begehrte, behindert, ich sage es noch einmal, den Zugang zu Gott.

Das gleiche lehrte Jesaja, wenn er sagte: »Auf, ihr Durstigen, kommt alle zum Wasser!« (Jes 55,1) usw. Hiermit lud er jene ein, die nur nach den himmlischen Wassern der Gotteinung dürsten und die nicht zahlen mit der Münze der Begierde[38].

Wenn Sie, mein lieber Sohn, tiefen inneren Frieden und Vollkommenheit erlangen wollen, ist es für Sie entscheidend wichtig, dass Sie ihren Willen Gott gänzlich hingeben, damit er ihn sich eine. Sie sollten ihn nicht mit niederen und hässlichen irdischen Dingen beschäftigen. – Seine Majestät mache Sie so geisterfüllt und heilig, wie ich es wünsche!

Fray Juan de la Cruz

AN EINE JUNGE DAME

(Doña Juana de Pedraza in Granada, als Autograph erhalten)

Segovia, den 12. Oktober 1589

Jesus sei in Ihrer Seele!
Und Dank sei Ihm, der sie mir gab, damit ich, wie Sie sich ausdrücken, »mich nicht zufrieden zu Tisch setze[39] und die Armen vergesse!« Wenn ich denke, Sie könnten wirklich meinen, was Sie da sagen, werde ich ärgerlich! Das wäre ja schlimm nach so vielen Beweisen Ihrer Verbundenheit und gerade dann, wenn ich sie am wenigsten verdiente. Sehen Sie, mir liegt ja nichts ferner, als Sie zu vergessen!
Aber Ihnen, die Sie jetzt diese Dunkelheit und Leere geistiger Armut durchwandern, muss es so vorkommen, als hätten Sie alle und alles verloren. Das ist ja auch kein Wunder, wenn es Ihnen sogar doch scheint, als habe Gott Sie verlassen. In Wahrheit aber haben Sie gar nichts verloren, es ist nicht nötig, überhaupt davon zu reden. Es gibt einfach keinen Grund, und Sie selbst werden weder einen wissen noch einen finden, weil alles nur unbegründete Vermutung ist.
Wer nichts anderes sucht als Gott, geht nicht im Finstern, wie dunkel und armselig er sich auch fühlen mag. Wer sich nichts einbildet und nicht den eigenen Vorteil sucht, weder bei Gott noch bei den Geschöpfen, wer weder in diesem noch in jenem das eigene Gutdünken befriedigen will, der braucht auch weder über etwas zu stolpern, noch müsste er Gespräche führen. Sie sind auf einem guten Weg, haben Sie Vertrauen und freuen Sie sich! Wer sind Sie denn, dass

81

Sie sich Gedanken machen müssten? Sie täten sich damit sehr unrecht. Noch nie waren Sie so gut daran wie jetzt, denn noch nie waren Sie so demütig und ergeben, da Sie sich selbst und die Dinge dieser Welt richtig einzuschätzen wissen.

Was also wollen Sie? Welch einen Lebensentwurf haben Sie sich gemacht? Was meinen Sie denn, was es heißt, Gott zu dienen, wenn nicht: nichts Böses tun, seine Gebote halten und uns nach Kräften für ihn einsetzen? Wenn wir das erfüllen – was sollen dann noch andere Bestrebungen und Erklärungen und Befriedigungen von diesseits und jenseits, die immer auch Gefahren und Fallstricke in sich tragen, so dass die Seele sich an ihrer Erkenntnis und ihrer Lust berauscht und mitsamt ihren Fähigkeiten in die Irre geht? So ist es denn eine große Gnade, wenn Gott diese Fähigkeiten in Armut und Dunkelheit versenkt, so dass sie mit ihnen keine Fehler mehr machen kann. Und wenn sie sich nicht mehr irrt, dann gibt es auch nichts mehr herumzurätseln. Es gibt nur noch den schlichten und ebenen Weg des Willens Gottes und seiner Kirche und nur noch ein Leben im dunklen und wahren Glauben, in sicherer Hoffnung und ganzer Liebe. Wir müssen unser Heil nicht hier erwarten, wo wir als Pilger leben – arm, verbannt, verwaist – wo nichts uns tröstet im Wegelosen, da wir jedoch all unser Hoffen auf das Dort gesetzt haben.

Freuen Sie sich und vertrauen Sie Gott, der Ihnen Zeichen gab, dass Sie alles sehr wohl können und darum auch tun müssen. Denn anders könnte es leicht sein, dass Gott ärgerlich wird, wenn er sieht, wie begriffsstutzig Sie sich verhalten, obwohl er Sie den für Sie richtigsten Weg führte und Sie an einen so sicheren Ort[40] brachte. Wünschen Sie nichts anderes als diese Weise und lassen Sie Frieden einziehen in Ihre Seele, um die es gut bestellt ist. Und kommunizieren Sie wie gewohnt. Beichten Sie nur bei ganz klarem Anlass, über den nicht zu diskutieren ist. Gibt es aber doch etwas zu bereden, so schreiben Sie es mir. Und schreiben Sie mir gleich und überhaupt öfter. Senden Sie die Briefe über Doña Ana [de Peñalosa], wenn es über die Nonnen nicht gehen sollte.

Ich war etwas unpässlich, aber nun geht es wieder gut. Doch Fray Juan Evangelista ist krank. Beten Sie für ihn und für mich, meine liebe Tochter im Herrn!

Fray Juan de la †

AN ANA DE JESÚS
UND DIE UNBESCHUHTEN KARMELITINNEN IN BEAS[41]

Granada, den 22. November 1587

Jesus und Maria seien in Ihren Seelen, meine Töchter in Christo!

Ihr Brief hat mir wohlgetan, vergelt's Gott! Wenn ich nicht schrieb, so lag das nicht an mangelnder Zuneigung (denn ich wünsche Ihnen doch wahrhaft das Beste), vielmehr war es so, dass mir schien, dass genug gesprochen und geschrieben wurde um zu verwirklichen, worauf es ankommt. Und wenn es an etwas fehlt, so nicht an Schreiben oder Reden, was meist eher zuviel ist, sondern an Tun und Schweigen.

Zudem führt uns das Reden in die Zerstreuung, während Tun und Schweigen sammelt und den Geist stärkt.

Wenn also jemand weiß, was man ihm für sein inneres Vorankommen gesagt hat, braucht er nicht weitere Worte zu hören, sondern muss das Gehörte still und sorgfältig verwirklichen, in Demut und Liebe und Selbstüberwindung. Auf keinen Fall aber soll er sich wieder auf die Suche nach Neuem begeben, das nur unserer oberflächlichen Wissbegier dient, ohne sie übrigens befriedigen zu können, so dass der Geist geschwächt und innerlich leer zurückbleibt. Da kann dann auch weder das schon Gewusste noch das Neue mehr helfen. Es ist wie mit jemandem, der zu viel gegessen hat und dessen natürliche Verarbeitungswärme sich nun hier und da verteilt und nicht mehr ausreicht, das Ganze umzusetzen: so wird er krank.

Es ist sehr notwendig, liebe Töchter, dass wir die Substanz unseres Geistes dem Teufel und unserer eigenen Sinnlichkeit zu entziehen wissen, denn anders geht es mit uns bergab, ehe wir uns dessen versehen. Wir entfremden uns Christus und werden am Ende erwachen und sehen, dass all unser Tun und Mühen falsch und vergeblich war. Während wir meinen, mit der brennenden Lampe zu gehen, ist sie schon erloschen, weil vielleicht unser Blasen eher geeignet ist, die Flamme zu ersticken als zu entfachen.

Damit das also nicht geschieht und der Geist, wie ich schon sagte, bewahrt bleibe, gibt es kein besseres Mittel als Leiden und Tun und Schweigen. Dazu die Sinne verschließen, indem man Einsamkeit sucht und findet im Vergessen alles Geschaffenen und allen Geschehens, und gehe auch die Welt unter! Niemals, weder im Guten noch im Bösen darf die innige Liebe des Herzens beunruhigt werden, durch die wir erdulden können, was immer kommen mag.

Denn die Vollkommenheit ist von so hoher Bedeutung und die Seligkeit etwas so Kostbares, dass man nur hoffen kann, dieses alles möge dafür ausreichen. Es gibt ja keinen inneren Fortschritt ohne das rechte Tun und Leiden, ganz in Schweigen gehüllt. Und, meine Töchter, es versteht sich von selbst, dass die schnell auf Gespräch und Rede gerichtete Seele wenig auf Gott ausgerichtet ist. Denn wäre sie es, so würde sie sich unbedingt innerlich zum Schweigen gezogen fühlen und jegliche Unterhaltung meiden. Denn Gott will lieber, dass die Seele sich an ihm erfreut statt an irgendeinem Geschöpf, wie vorzüglich es auch sei und wie viel es uns auch bedeute.

Ich empfehle mich Ihrem Gebet. Und seien Sie gewiss, dass meine Liebe, so armselig sie auch ist, sich Ihnen doch so gesammelt verbunden weiß, dass ich nicht vergesse, wem ich so viel verdanke im Herrn, der mit uns allen sei! Amen.

Fray Juan de la Cruz

PS.: Was wir am nötigsten brauchen, ist, dass unser Begehren und unsere Zunge vor diesem großen Gott schweigen. Denn er hört allein die Sprache der schweigenden Liebe[42].

6
Rede zum
Gründungsproblem in Übersee

Deutsche Erstübersetzung
aus einer mexikanischen Chronik[43]

Auf dem Kapitel zu Pastrana 1585 wurden die Meinungsverschiedenheiten zur Bedeutung der Klausur und der missionarischen Gründungen in Übersee, hier speziell in Mexiko, ausgetragen. Eine Chronik des Paters Agustín de la Madre de Dios OCD versucht, die Rede des Johannes vom Kreuz wiederzugeben:

Meine Patres, sagte er, schon bei anderen Gelegenheiten und besonders auf dem Kapitel von Almodóvar[44] haben wir diesen Punkt behandelt. Und da die Lösung des Problems so wichtig ist, werde ich jetzt noch einmal sagen, was ich fühle.

Die ursprüngliche karmelitische Regel setzt sich zusammen aus Kontemplation und Aktion. Aber so, dass die Kontemplation die Hauptsache ist und die Aktion das weniger Wichtige, wobei aber erst beides zusammen die ganze Regel ausmacht.

Daraus ist abzuleiten, dass, wer unter uns sich ganz dem Apostolat widmen will, das Wichtigste der Ordensregel verfehlt, und wer sich ganz der Kontemplation überlassen möchte, so wie sein Talent es vermag und der Gehorsam es fordern könnte, doch ohne sich um das Wohl des Nächsten zu kümmern, der erfüllt zwar das Wichtigste, aber nicht vollständig alles, wozu er verpflichtet ist. Die Seelsorge, maßvoll geübt, ist nicht gegen unsere Weise und verletzt nicht die Vorschriften. Wohl aber wird sie das tun, wenn man sie übertrieben als Vollzeitbeschäftigung ausübt. Wenn wir erreichen wollen, dass der ganze Ozean durch ein kleines Brunnenrohr fließt, so wird notwendigerweise das Rohr platzen oder das Wasser sich stauen. Und genau so wird es auch sein, wenn wir uns einfach um alles und jedes kümmern wollen. Daran wird man unausweichlich scheitern, während man doch das Eigentliche versäumt.

Das Talent eines Menschen ist kein Gefäß, in das viel hineingeht. Und darum scheint es mir, dass man seine Zeit und Kraft zunächst auf das Wesentliche richten muss und dann auf das weniger Wichtige, das auch noch zu tun ist. Wenn die Brüder in den Bergen, Ländereien und Anwesen herumwandern und damit viel Zeit verbringen, so ist klar, dass das – es sei denn in einem Ausnahmefall – nicht der Zurückgezogenheit entspricht, zu der unser Stand sich bekennt. Aber hinauszugehen und Seelen in den umliegenden Ortschaften zu bekehren, um sich dann wieder zu sammeln und zu festigen, das ist in Spanien noch üblich und so haben wir es alle gehalten seit Beginn unserer Ordensreform. Auch das Hinausgehen um Almosen zu erbitten ist in Klausur-Orden erlaubt.

Und darum sage ich, dass uns Christus nicht allein liebt, weil wir allein sind, sondern mehr noch, wenn diese Ordensfamilie wächst an Mitgliedern und Provinzen. Denn es verträgt sich sehr wohl mit unserem Stande dem Nächsten zu helfen und mit den Menschen das Licht zu teilen, das Gott uns schenkt im Gebet. Darum ist es gut, dass man diese Mission in Neuspanien [Mexiko] gegründet hat und dass man die Mönche, die dorthin auswanderten, in allem unterstützt. Denn abgesehen davon, dass sie ihre Aktionen und Wünsche an der guten Absicht ausgerichtet haben, erfüllen sie das, was das Ideal unserer heiligen Gründerin war. Das Ideal, für das sie begann, unsere Ausbreitung zu betreiben und wofür sie diese ganze spezielle Mönchsfamilie reformieren wollte. Die dort hingehen, gehen gut eingeführt durch Pater Fray Antonio, und sie haben die Erlaubnis seiner Majestät, dort Häuser für das Ordensleben zu errichten, in denen man die Regel ebenso gut halten kann wie in Spanien.

ERLÄUTERUNGEN

VORBEMERKUNG

Die erläuternden Essays wollen nicht alle Texte behandeln und
»erklären«. Das widerspräche sogar dem Wesen dieser Weisungen,
Denkanstöße und Sprüche. Wollen sie doch den Einzelnen in der
ihm gemäßen und von ihm frei zu wählenden Weise innerlich
aktivieren. Nein, die versuchten Erläuterungen sollen nur eine erste
»Schneise« bahnen im sehr dichten Wachstum deutender Möglichkeiten, wollen den Leser ermutigen, selbst seine Pfade zu suchen
und zu befestigen. Dabei ist es möglich, sich auf verschiedenen
Ebenen zu bewegen, so wie Johannes vom Kreuz es mit seinem
berühmten Gedicht von der dunklen Nacht tat, das er auf vier
Ebenen deutete und nutzte. Allerdings sind die Aphorismen »ver-
stehbarer« als die eine mystische Erfahrung widerspiegelnden Gedichte. Aber Lockerheit und Spielraum sind auch hier gegeben.

1
Die Aphorismen oder Weisungen

Dichos de luz y amor

D*ichos de luz y amor* nannte Johannes vom Kreuz eine Sammlung von 78 Denksprüchen, Maximen oder Aphorismen, die er selbst sorgfältig zusammenstellte und die uns – als einzige Schrift neben einigen Briefen – autographisch überliefert sind. Das Datum ist unbekannt, zumal der spanische Seelenführer und Kirchenlehrer die Angewohnheit hatte, den ihm Anvertrauten Zettel zu überreichen, auf die er den Spruch, Zuspruch, die Weisung geschrieben hatte, die er gerade als förderlich erachtete. Auch die später von den Schwestern gesammelten Sprüche wurden in den spanischen Editionen unter dem gleichen Titel veröffentlicht. Man hat aber bei dem autographischen Teil der Texte den Eindruck, dass Juan de la Cruz diese richtungweisenden Hilfen auch auf sich selbst bezog. Sein einem anderen Manuskript entnommenes Vorwort unterstützt diese Meinung.

GEPFEFFERTE HÄPPCHEN

Zur Bezeichnung der Kurztexte könnte man fragen, ob nicht die weitgehend übliche als *Aphorismus* zu modern sei. Gehört doch diese Gattung in ihrer prägnanten Unverbindlichkeit der Aufklärung an, ist Werk französischer Moralisten des 17. Jahrhunderts und ihrer klassischen, romantischen und modernen Nachfolger. Vielleicht sollte man *Dichos* (»die Gesagten«), wenn nicht schlicht als »Worte«, lieber als Sprüche übersetzen oder als Maximen. Dem Terminus *Sprüche* haftet jedoch etwas Volkstümliches an, u.U. auch in gereimter Form, man ist hier dem Sprichwort nah. *Maxime* andererseits, uns vor allem durch Goethe vertraut, meint eine verbindliche Lebensregel, eine Richtschnur oder Weisung (nicht Anweisung!) des Wollens und Handelns, und ein solches Verständnis scheint zunächst auch mit den *Dichos* des Johannes vom Kreuz gegeben zu sein. Eine antike Gattung, Sentenzen auch, wie sie schon Seneca schrieb, weshalb die Ordensmutter Teresa von Ávila den Johannes nach kurzer Bekanntschaft ihren »Senequita« nannte, das Senecalein. Zudem erkannte ihr Scharfsinn schon seine geistige Nähe zur stoischen Haltung des großen Philosophen. Mit der Verkleinerungsform drückte sie neben mütterlicher Zärtlichkeit und Bewunderung für seinen schöpferischen Geist auch das Auffallende seiner kleinen Statur aus. Der Spitzname macht deutlich, dass Johannes schon als Hausgeistlicher im Menschwerdungskloster zu Ávila gern solche »Sprüche machte«. Sie entsprachen seiner natürlichen Veranlagung zu reicher Aussage mit wenig Worten. Sein Mitbruder und Vorgesetzter *Nicolao Doria* erwähnte später die Weisungen des Heiligen als »gepfefferte Häppchen« oder gar, nach einer anderen Überlieferung, als »Pfefferkörner«[1]. Wie beim Aphorismus ist auch mit der Gattung Sentenz oder Maxime keine volle Übereinstimmung zu erzielen, weil Johannes seine *Dichos* verstehen will als gottgemäß und darum alle Grenzen überschreitend. Er dachte als Vorbild wohl vor allem an die Weisheitssprüche des Königs Salomon.

Aber bei näherer Kenntnis der Werke »modernisiert« sich die Weise dieser Sprüche wieder in Richtung Aphorismus. Denn zum einen ist bei den »Dichos de luz y amor«, insbesondere den autographisch überlieferten, die ein knappes Drittel seiner heute vorliegenden »Weisungen des Lichtes und der Liebe« ausmachen, die formal glanzvolle, oft paradox zugespitzte Prägnanz auffallend und zukunftsträchtig. So als habe Johannes vom Kreuz die Gattung des Aphorismus, von der ihn nur etwa 80 Jahre trennten, als ein Vorläufer geahnt. Darüber hinaus gehört es zu seinen Grundzügen als

Schriftsteller, die Individualität des angesprochenen Lesers vor Augen zu haben. Als Mensch der ausgehenden Renaissance schätzt er die Freiheit des »Gotteskindes«. Das wird sehr klar ersichtlich aus dem Vorwort zu seinem *Geistlichen Gesang*. Im gleichen Zusammenhang spricht er hier wieder von *dichos de amor*: »Da diese Strophen mit einer glühenden Liebe zu Gott geschrieben wurden, dessen Weisheit und Liebe in ihrer Unermesslichkeit › das All von einem Ende zum andern durchwalten‹, wie es im Buch der Weisheit heißt (Weish 8,1); und da die hiervon durchdrungene und bewegte Seele etwas von dieser Fülle und diesem Überschwang in ihr Sprechen bringt, habe ich nicht die Absicht, die ganze Weite und all den Reichtum zu erklären, den der in Liebe fruchtbare Geist in ihnen hinterlässt. Eher wäre es Unwissenheit zu meinen, man könne diese mystischen Worte der Liebe (*Dichos de amor en inteligencia mística*), denn dieses sind die vorliegenden Gedichte, auf irgendeine Weise mit Worten wirklich erklären. Und so halte ich es auch für besser, weil man solchen Äußerungen der Liebe ihre ganze Verstehensbreite belassen sollte, damit sie ein jeder auf seine eigene Weise und seinem Geiste entsprechend für sich beherzigt, statt dass man sie auf einen einzigen Sinn verkürzt und festlegt, der nicht nach jedermanns Geschmack sein kann. Und darum, wenn ich hier auch einige Erklärungen versuche, sind sie doch nicht bindend gemeint.«

Diesmal aber meint Juan mit »dichos« die dem Werk zugrunde liegenden Gedichte. Ein Hinweis, dass er mit diesem Terminus keine Gattung, sondern einen dichten, geballten Inhalt bezeichnen wollte. Aber sind auch die doch eher asketisch angelegten *Worte* oder *Weisungen des Lichtes und der Liebe* noch in der Weite mystischer Texte zu verstehen? Der von Juan selbst gefundene Titel »de luz y amor« lässt dieses bejahen. Und er veranlasst zu bedenken, dass ursprünglich Mystik und Askese nicht getrennt waren. Die mystische Erfahrung setzt bestimmte seelische Haltungen, Lebenshaltungen voraus. Dadurch unterscheidet sie sich von der heutigen Esoterik, bei der oft die Technik genügt. Diese Haltungen – Läuterungen – müssen erarbeitet werden, das ist die »Askese« (griech. »Übung«

wie lat.»Exerzitium«). Letztlich erstrebt wird aber nicht die ethische Leistung, sondern einzig das Wachsen in Liebe. Folglich handelt es sich auch bei Juans *Weisungen* nicht um »spanische Stiefel«, sondern um ein im Glauben verankertes, psychologisch vermitteltes Erfahrungswissen, das der individuellen Anwendung Raum lässt. Der Seelenkenner und Dichter gibt also, paradox gesagt, eine »aphoristische Anleitung«. Eine Anleitung zum wesentlichen Menschsein im Blick auf das christliche Gottesbild, richtungweisend und frei zugleich.

Das wird ganz deutlich im *Prolog*: Juan beklagt in seiner realistischen Selbsterkenntnis und Bescheidenheit das eigene menschliche Unvermögen, hofft aber anderen, Stärkeren, mit der besseren Erkenntnis eine Hilfe zu geben. Er schreibt:

Wenn auch, o du mein Gott und all mein Glück, sich meine Seele bemühte, für dich ihr ganzes Herz in diese Weisungen des Lichtes und der Liebe zu legen, so habe ich hierfür zwar die Sprache, nicht aber das Tun und die Tugend. Darum wirst du, mein Herr, dich mehr als an der Sprache und Weisheit an jenen erfreuen, die, von ihnen angesprochen, vielleicht Nutzen daraus ziehen für deinen Dienst und die Liebe zu dir, worin ich nicht genüge. Meine Seele kann sich nur trösten in dem Gedanken, dass sie dir Gelegenheit gab, in anderen das zu finden, was mir fehlt.

Dies ist von enger Lehranmaßung, von erhobenem Zeigefinger weit entfernt. Ja, man könnte sogar fragen, ob »jene«, die der Autor erwähnt, unbedingt Ordensangehörige sein müssen. Ob nicht jeder Christ zu einer Gottunmittelbarkeit aufgerufen ist, das heißt zu jener Harmonie des Lichtes und der Liebe, der diese Weisungen oder Worte oder Aphorismen gewidmet sind. Auch das legt der Prolog nah:

Du liebst, Herr, die Klugheit der Unterscheidung, du liebst das Licht, und am meisten von allen Tätigkeiten der Seele liebst du die Liebe. Darum wollen diese Weisungen Unterscheidung für den Aufbruch geben,

Licht auf dem Weg und Liebe während der Wanderschaft. Fern bleibe die Rhetorik der Welt!(...) Wir hoffen Hindernisse und Stolpersteine wegzuräumen für viele Seelen, die aus Unkenntnis straucheln und unwissend in die Irre gehen, während sie doch deinem liebreichen Sohn, unserem Herrn Jesus Christus folgen wollen, um ihm ähnlich zu werden in Leben, Verhalten und Tugenden und letzlich in der Formung durch die Nacktheit und Reinheit des Geistes. Gib ihnen dieses, du Vater der Barmherzigkeit, denn ohne dich kann man nichts vollbringen.

FORM UND STIL

So ganz unrhetorisch ist das Gesagte allerdings nicht. Aber auch das kann als Vorteil gewertet werden. Juan bleibt immer Künstler, begnadeter Dichter. Seine Wort- und Klangspiele können durchaus »sophisticated« sein. Wie überhaupt seine Sprache vom theologischen Wissen allein nicht zu erschließen ist. Johannes vom Kreuz ist Dichter auch in seiner Prosa, und sein Spanisch ist seinen heutigen Landsleuten oder durch moderne Wörterbücher manchmal ebenso schwer zugänglich wie etwa Luthers Deutsch dem heutigen nicht dafür vorbereiteten Gelehrten. Mit einem Wortspiel beginnt schon die erste Weisung, weil – ein für Juan typisches Vorgehen – dreimaliges »descubrir« dreifach zu deuten ist:

Siempre el Señor descubrió los tesoros de su sabiduría y espíritu a los mortales; mas ahora que la malicia va descubriendo más su cara mucho los descubre: Allezeit hat der Herr den Sterblichen die Schätze seiner Weisheit und seines Geistes entdeckt. Heute aber, da die Bosheit ihr Gesicht immer deutlicher zeigt, bietet er seinen Reichtum um so offener dar! (1)

Das meint als Eingangsspruch des Autographs: In der heutigen schrecklichen Zeit finden sich doch viele erfahrene Christen, die helfen Gottes Angebot zu erkennen und zu ergreifen. Zum Beispiel

Teresa von Ávila (die Reformerin und Ordensmutter) und ihr geistlicher Sohn und spiritueller Vater Johannes vom Kreuz.

Die vierte Weisung hebt im Spanischen mit konsonantischen Gleichklängen die Gegensätze von *flaco y fuerte, flaqueza y fortaleza* hervor um dann mit kraftvollem k-kf zu schließen: *crece y se confirma.* In deutscher Übersetzung:

Es ist günstiger, beladen mit dem Starken zu gehen als unbelastet mit dem Schwachen. Wenn du schwer trägst, ist Gott an deiner Seite und gibt dir Kraft, denn er ist mit den Beladenen. Gehst du dagegen unbelastet, bist du nur bei dir selbst und bist deine eigene Schwachheit: Denn die Kraft und Tauglichkeit der Seele wächst und festigt sich mit der in Geduld getragenen Mühsal. (4)

Diese Weisung ist tröstlich für jeden Christen in schwerer Zeit. Und der Gott der Mühseligen und Beladenen weckt Liebe. Johannes vom Kreuz war ein Seelenführer, wie man damals sagte, zu dem aus allen Gegenden Spaniens junge und alte Menschen, Gebildete und Ungebildete strömten. Er war so etwas wie heute ein großer Psychologe. Und der Vergleich hinkt nicht einmal, denn die psychologische Einfühlung, in eine flexible, dem Lateinischen nahe Sprache umgesetzt, macht die große spanische Mystik des 16. Jahrhunderts mit ihren führenden Gestalten Teresa von Ávila und Johannes vom Kreuz zur damals fortschrittlichsten und heute noch immer aktuellen.

GEISTLICHE FÜHRUNG

Juan de la Cruz war ein Meister und er befürwortete die Suche nach einem menschlichen Führer auf dem mystischen Weg zumindest für den Beginn:

Wer alleinbleiben will ohne die Stütze eines Meisters oder Führers, der gleicht dem herrenlosen und verlassenen Obstbaum auf dem Felde. Wie viele Früchte er auch bringen mag, sie werden von den Vorüberkommenden gepflückt, noch ehe sie reif sind. (5)

In sanftem Zureden möchte Juan zum gemeinsamen Weg ermutigen, ein in scheinbarer Strenge behutsam formuliertes Hilfsangebot:

Wenn du dich schon nicht fürchtest, allein zu fallen, wieso maßt du dir auch noch an, allein wieder aufzustehen? Sieh doch, dass zwei mehr vermögen als einer allein. (9)

Aber Juan weiß auch so gut wie kein zweiter um die Schwierigkeit, einen wahren Meister zu finden. Sein letztes, alles noch einmal umfassende Werk, die *Lebendige Flamme der Liebe*, macht gerade die Warnung vor unfähigen Seelenführern zu einem ihrer großen Anliegen. Die Seele muß »sich sehr überlegen, in wessen Hände sie sich begibt, denn wie der Lehrer, so der Schüler, und wie der Vater, so der Sohn. Und man muss sich klarmachen, dass zumindest für das letzte Wegstück, aber eigentlich auch schon für das mittlere, kaum ein in jeder Hinsicht ausreichender Führer zu finden ist. Denn er muss nicht nur gelehrt und verständig sein, sondern unbedingt auch Erfahrung besitzen. Nämlich wenn auch Gelehrsamkeit und Klugheit das Fundament geistlicher Führung sind, wird er ohne eigene Erfahrung dessen, was wahrer und reiner Geist ist, die Seele nicht auf den Weg zu Gott bringen können, ja, nicht einmal bemerken, wenn Gott ihn ihr öffnet.« (LB 3,30)[2]

Die Hauptschwierigkeit besteht darin, dass unerfahrene geistliche Begleiter, die nicht merken, dass Gott am Werke ist, immer weiter den Weg des Nachdenkens und Imaginierens, also der Textmeditation mit ihrer Ich-Aktivität führen wollen und den fortgeschrittenen Zustand der von diesem allen Abstand nehmenden Ruhe nicht kennen. Juan sagt weiter in seiner *Lebendigen Flamme:* »Auf diese Weise fügen manche geistlichen Führer vielen Seelen großen Schaden zu. Denn weil sie die Wege und Eigenheiten des *Geistes* nicht kennen, bewirken sie meist, dass die Seelen die zarten Salbungen des Heiligen Geistes wieder verlieren, mit denen er sie für sich bereitmachen wollte. Stattdessen erhalten sie Unterweisungen auf niederster Stufe, wie sie die Seelenführer für sich selbst anwenden oder von denen sie gelesen haben und die einzig für Anfänger geeignet sind. Denn nur mit solchen – das wenigstens wolle Gott! – kennen sie sich aus, und sie lassen keine Seele über diese Anfänge des Nachsinnens und bildhaften Sichvorstellens hinauskommen, damit sie nur ja nicht die natürlichen Grenzen überschreite, die der Seele nur wenig bringen, während doch Gott sie weiterführen möchte.

Dann ist Gott der Handelnde und die Seele die »Erleidende«, das heißt, sie verhält sich wie jemand, der empfängt und in dem etwas gewirkt wird. Und Gott ist der Schenkende und in ihr Wirkende, der ihr in der Kontemplation das geistige Gut göttlichen Wissens und Liebens zusammen schenkt, also ein liebendes Innewerden. Die Seele macht dabei keinen Gebrauch mehr von ihrer natürlichen Betätigung und ihren Denkprozessen, denn sie kann darüber [im Zustand kontemplativer Versenkung] nicht mehr wie zuvor verfügen. Darum muss zu dieser Zeit die Seele völlig anders geführt werden als im ersten Stadium. Sie soll nur noch ein liebendes Aufmerken auf Gott in sich tragen«(LB 3,31-33).

Diese Ausführungen klingen modern, unsere heutigen Schwierigkeiten mit Meditation und Kontemplation, mit der Angleichung von Aktivität und Ruhe, mit dem Mangel an sich darin auskennenden Geistlichen waren auch die Probleme der damaligen Menschen. Deshalb bemühte sich Juan so um eine gültige, klare und doch offene Form seiner Ratschläge, was zu diesem schon aphorismenartigen Genre führte.

GOTT ALS MEISTER

Wo kein äußerer Meister zu finden ist, kann doch, so hebt der Kirchenlehrer hervor, der innere eintreten, der später ohnehin die Führung übernehmen muss: Der Heilige Geist mit seinem wortlosen

»Seufzen«, Jesus Christus mit seiner zur Nachfolge einladenden Hingabe, der »Vater«, der seinem verlorenen Sohn entgegengeht. Letzteres begründet das bedingungslose Vertrauen:

O mein Herr und Gott! Wer dich mit reiner und schlichter Liebe sucht, warum sollte er dich nicht finden ganz wie er es wünschte und ersehnte? Bist du es doch, der sich als erster auf den Weg macht zur Begegnung mit jenen, die dich finden möchten[3]. (2)

Gottes Liebe macht den Anfang. Es handelt sich um Begegnung, um ein »Herzensanliegen«, das nicht unseren üblichen Maßstäben von Besitz und Machbarkeit entspricht. Auch »fromme Wünsche« sind nicht mehr am Platze, sind sie doch oft nur Verlagerung der Habgier ins Geistig-Geistliche, in eine nicht minder egozentrische Erfahrungssuche. Die wahre Gottesbegegnung ist nur möglich im Geiste Christi. Im Geiste der Christusnachfolge, in der die Liebe nicht mehr »das Ihre« sucht. Darum verweist Johannes auf das Bedeutungslose der üblichen »mystischen Erfahrung«, zumal die eigentlichen Gefahren immer im Geistigen lauern, nicht in der viel harmloseren Sinnlichkeit, die doch, wie er oft betont, vom Geiste gelenkt wird. Die Liebesbeweise, die Gott sehen möchte, kommen aus dem Verzicht auf Erfahrungsbesitz und Selbstbestätigung:.

Mehr schätzt Gott in dir deine Annahme von Trockenheit und Leiden um seiner Liebe willen, als alle möglichen Erbauungen und Visionen und Meditationen. (14)

Das Sein in Liebe ist wichtiger als das Haben oder die Tätigkeit.

Lieber möchte Gott von dir ein Mindestmaß an reinem Gewissen, als all die Werke, die du tun könntest. (12)

Damit ist aber doch keinem Quietismus das Wort geredet. Es geht beim Tun um die Gesinnung, sonst bleibt alle Geschäftigkeit Leerlauf. Stimmt jedoch die innere Haltung, so sind dem Heil und dem Glück auch im Tun keine Grenzen gesetzt:

102

*Das lautere und ganze Werk, für Gott getan, bringt in das lautere Herz
ein ganzes Königreich für seinen Eigentümer.(21)*

Das lautere Werk ist das uneigennützige Werk. Wir würden heute
sagen: um der guten Sache willen. Ein solches Tun ist ein Dienen,
aber gerade dieses Dienen macht frei, befreit vom Blick auf Anerkennung und Lohn. Es kann darum auch nicht enttäuschen, ist
immer wieder neu und erfüllend:

*Mehr gefällt Gott ein Werk, das, wie unbedeutend es auch sein mag,
ohne den Wunsch nach Anerkennung im Verborgenen getan wird, als
tausend Werke, die den Menschen bekannt werden sollen. Denn wer
aus reinster Liebe etwas für Gott tut, legt nicht nur keinen Wert darauf,
dass die Menschen davon erfahren: selbst Gott braucht es nicht zu
wissen. Auch wenn er es niemals erführe, würde derjenige ihm doch mit
immer gleicher Freude und reiner Liebe die gleichen Dienste erweisen.
(20)*

Ein Werk, für Gott getan, ist zugleich ein Werk für die Mitmenschen. Es gibt heute diese Gesinnung noch und wir brauchen sie
sehr. Aber mehr denn je sind sie im Massen- und Medienzeitalter
die große Ausnahme. *Ortega y Gasset*, der große spanische, auf
Europa ausgerichtete Kultur- und Lebensphilosoph unseres Jahrhunderts, sagte hierzu ergänzend aus seiner liberalen Sicht: »Das
menschliche Leben muss seiner eigenen Natur nach für etwas eingesetzt werden, sei es ein ruhmreiches oder ein bescheidenes Werk,
ein glänzendes oder gewöhnliches Schicksal. Es handelt sich um
eine wunderliche, unerbittlich unserem Dasein eingeprägte Bedin-
gung. Einerseits lebt jeder aus sich und für sich. Andererseits sinkt
dies mein Leben, das nur mich angeht, wenn ich es nicht in den
Dienst einer Sache stelle, haltlos zusammen ohne Spannung und
ohne Form. Wir sehen heute viele Menschen in ihrem eigenen
Labyrinth verlorengehen, weil nichts da ist, was ihre Hingabe fordert.«[4]

Einfach und realistisch sind die Ratschläge des Johannes vom Kreuz. Dieser Gottverwirklicher weiß besser als die Selbstverwirklicher, was dem inneren Menschen gut tut und was ihm schadet. Vor allem die endlose Schraube der Begehrlichkeit, die jede Wunscherfüllung mit einer neuen Forderung beantwortet. Dieses sinnlose Kreisen ist zu durchbrechen, damit der oberflächlichen Anstrengungen verhaftete Mensch wieder frei atmen, innerlich durchatmen kann. Hier geht es um jene Befreiung durch bewusstes Innehalten, das vom unablässig nach greifbarer Sicherheit strebenden ängstlichen Ich zunächst als Beraubung empfunden wird.

Die alte Klostersprache hatte dafür das erschreckende Wort von der »Abtötung«, spanisch *mortificación*. Aber richtig verstanden ist das durchaus keine Seelenmordgeschichte. Innehalten, sich distanzieren, verzichten, umkehren: das sind doch keine Schreckensvorstellungen. Vielmehr sind es in jedem Sinne heilsame Vorgänge der Selbstüberwindung, die zu größerer Freiheit, zu echterem Selbstsein führen. Vom Haben zum Sein: an diesem Punkte erhielte dann die Selbstverwirklichung einen positiven Sinn. Sie »nimmt sich« nicht, »was ihr zusteht«, sie wird mit Gottes Hilfe, was sie sein könnte und sollte. Diese Umkehr ist im Grunde so positiv, dass Juan de la Cruz, fern von den bei ihm vermuteten Düsterkeiten, in seinem Realismus für die Loslösungsvorgänge Vergleiche findet, die von einem Lächeln begleitet sind:

Doppelt bemüht sich der Vogel, der sich auf die Leimrute gesetzt hatte, nämlich um freizukommen und um die Leimreste wegzuputzen. Und doppelt muß derjenige leiden, der seinem Begehren folgte, nämlich um frei zu werden und um zu entfernen, was hängenblieb. (22)

Oder noch drastischer und direkter:

Die Fliege, die sich auf dem Honig niederlässt, behindert ihren Flug.
Und die Seele, die sich an geistige Genüsse klammert, behindert ihre
Freiheit und kontemplative Versenkung. (24)

Und dann das erreichbare Ziel noch einmal im Vergleich des Vogels.
Als im Luftraum beheimatet ist er natürlich eindruckvoller als die
Fliege. Er kehrt im Werk des Johannes immer wieder, allgemein
und als Nachtigall, Taube, Turteltaube, Adler, Schwan, Vogel Phö-
nix und »einsamer Vogel«[5]. Im Folgenden geht es schlicht um das
Himmelstier der Höhe:

Wer sich nicht von seinen Begierden leiten läßt, kann auf des Geistes
Fittichen fliegen wie der Vogel, dem keine Schwungfeder fehlt. (23)

Hier wird nicht Lebensfreude bekämpft, sondern Freiheit gesucht,
die Freiheit der Kinder Gottes, die von jedem Menschen als beglückend und als wahres Sein empfunden wird, mag er sich nun Christ
nennen oder nicht. In nüchtern bildloser Formulierung heißt es
unmissverständlich:

Nimm Abstand von deinen Wünschen, und du wirst finden, wonach dein
Herz sich sehnt. Wie willst du denn wissen, ob dein Wünschen Gottes
Absichten entspricht? (15)

Johannes hält es nicht für nötig hinzuzufügen, dass Gottes Absichten in jedem Falle für uns besser sind als unsere Wünsche. Er nennt
das auch »Vernunft«:

Glücklich der Mensch, der Gefallen und Neigung beiseite lässt und die
Dinge mit Vernunft und Gerechtigkeit betrachtet, um danach zu han-
deln. (45)

Die von ihm eingeforderte Vernunft meint nicht Vorschriften, Gebote und Verbote, Pflichterfüllung. Sie meint Erkenntnis des jeweils

höchsten Wertes, vor allem der Möglichkeit der Liebe. Es geht um das freie Wesen der Liebe, die alles Unvorhergesehene möglich macht und keine Zwänge, auch nicht die des Wunsches, verträgt. Aber wie im zwischenmenschlichen Bereich, ist auch in der Gottesbeziehung das Können und Gelingen der Liebe eher selten als selbstverständlich. Immer muss von Gottes Entgegenkommen ausgegangen werden, nicht von unserem Eigenwillen:

O innigste Liebe Gottes, die kaum einer kennt! Wer ihren Zugang fand, hat Frieden. (16)

Juan möchte auf diesen Weg führen, möchte diesen Zugang öffnen. Darum sind die aus seinem Gesamtwerk so bekannten - meist allein bekannten (!) – Vokabeln und Bilder der Beraubung wie »Nacht«, »Leere«, »Nacktheit«, »Einsamkeit« nur ein methodischer Hinweis auf die Möglichkeit des Findens von Licht, Erfüllung, Geborgenheit, Gemeinschaft. Hilfen zur ersehnten Transformation:

Nun sei der glückliche Augenblick gekommen, mein Herr und Gott, da alles anders wird. Denn in dir wollen wir bleiben! (33)

Mit diesem Zitat, das als Variation des bekannten Petruswortes auf dem Berge Tabor verstanden werden darf[6], ist das glückliche Geschehen einer Wandlung angedeutet. Sie wird sich fortsetzen, dann offenbart sich die »Nacht« als verborgenes Licht, die »Leere« als Fülle, die »Nacktheit« als Geborgenheit. Das sind mystische Ursymbole, die sich in poetischer Schönheit auch in der arabisch-persischen Sufimystik finden, zu der die Bilder des Johannes vom Kreuz oft eine verblüffend detailgenaue Nähe zeigen, ohne dass es bisher trotz kompetenter Versuche gelang, seine Quellen aufzudecken. Schließlich hatte er als großer Seelenführer auch Verbindung zu konvertierten Moslems in Granada mit ihrer mündlichen Überlieferung. Doch könnte man auch auf die Bibel verweisen, auf die Nacht in den Psalmen, das leere Nichts bei Jesaja, die Nacktheit

Christi am Kreuze. Schließlich stehen Juans »Weisungen« den *Sprüchen Salomos* besonders nah.

Hinsichtlich des obigen Zitates aber ist klar: Der »glückliche Augenblick, da alles anders wird«, konnte nur durch intensive innere Prozesse erreicht werden, die in Selbsterkenntnis, Verzichtbereitschaft und Durchhaltevermögen zu einer inneren Offenheit führten, die es Gott ermöglichte, sich im Zentrum des Menschen zu entfalten. Darum das »Bleiben« in ihm, das ebenso gut als sein Bleiben in uns erfahren wird. Denn »Licht und Liebe« dieser Weisungen sind Licht und Liebe Gottes. Eine Liebe, die vom Menschen anzunehmen und gemäß den eigenen Möglichkeiten zu verwirklichen ist:

Am Abend wird man dich nach der Liebe fragen. Lerne Gott zu lieben, wie er geliebt werden will, und lass dein Eigenwesen. (59)

PERSON UND SEELE

»Lass dein Eigenwesen« meint keine Abwertung der Person. Generationen haben unter solchen Missdeutungen gelitten, die aus der Verabsolutierung von Texten resultieren. Juan will mahnen aus der egozentrischen Enge herauszukommen. Es geht um die Freiheit, um das Abwerfen von Ballast, um die Öffnung des krampfhaft Verschlossenen. Hinzu kommt die zunehmende Annäherung an das Wesen Gottes, dem Begrenzungen von Charakter und Persönlichkeitsmerkmalen entgegenstehen. Die Person wird nicht vernichtet, sondern geweitet, aufgeschlossen. Die oft so gefürchteten Mahnungen irdischen Verzichtes zielen nicht auf eine angenommene Minderwertigkeit der »Dinge« oder »Geschöpfe«. Es geht vielmehr um unsere rechte Haltung ihnen gegenüber. Auch Dinge haben ihren Geist und ihre Wahrheit. Johannes denkt hier in einem höchst aktuellen Rahmen. Unser Verzicht auf egozentrische Bemächtigung dient der Schöpfung:

Wenn du deine Seele freimachst von ungeordneten Anhänglichkeiten
und Begierden, wirst du den Geist der Dinge verstehen. Und wenn du
ihrer Verlockung widerstehst, wirst du dich ihrer Wahrheit erfreuen,
da du ihr Eigentliches erkennst. (48)

Zu den »ungeordneten Anhänglichkeiten« gehören ein richtungs-
loser Wissensdrang, eine zum Selbstzweck gewordene Informations-
sucht, wie sie unserer künftigen Internet-Gesellschaft gefährlich
werden könnten:

Ich kannte dich nicht, o du mein Herr, weil ich noch alles Mögliche
wissen und mich dessen erfreuen wollte. (32)

Ein wahlloses Wissen ist nutzlos, ja, unter Umständen schädlich,
wenn es nicht im Dienste einer hilfreichen Mitmenschlichkeit, einer
sinnvollen Aufgabe steht. Aber Juan blickt noch tiefer. Wer sich auf
Gottes Liebesangebot einlässt, muss in innerer Offenheit alles Wissen transzendieren, wie es in einem seiner Gedichte heißt[7]. Einerseits, weil Gott dieses alles übersteigt, andererseits, weil sich im
Wissensdrang noch die natürliche Egozentrik verbirgt. Weshalb die
»Seele« für die große Liebesprüfung am Lebensende ihr isolierendes
und intolerantes »Eigenwesen« loslassen muss, denn:

Die harte Seele verhärtet sich in ihrer Selbstliebe – die liebende Seele
ist sanft, friedfertig, demütig und geduldig.(29 u. 28)

Die »Seele« bedarf aber für das Überwinden ihrer Egozentrik, für
dieses Neu- und Lebendigwerden, des Vorbilds und der inneren
Führung. Sie findet beides im Blick auf Jesus Christus, dessen Geist
verwandelnd in ihr zu wirken beginnt:

Wenn du, o guter Jesus, mit deiner Liebe die Seele nicht sänftigst, wird
sie auf immer in ihrer natürlichen Unbarmherzigkeit verharren. (30)

Die natürliche Unbarmherzigkeit, die Neigung zu Gewalt und Missbrauch hindert den Menschen zu werden, was er eigentlich ist. Warum aber sagt Johannes vom Kreuz in diesen Zusammenhängen immer »die Seele« und nicht »der Mensch«, obwohl er doch statt »el alma« auch »el hombre« hätte sagen können? Ist das nur, wie man heute manchmal meint, ein Zeichen zeitgenössischer Introvertiertheit, eines veralteten Menschenbildes, das sich in bleibende Innerlichkeit und vergängliche Körperlichkeit teilen ließ? Gewiss musste Juan sich mit diesem Erbe seiner Epoche auseinandersetzen, und er tat es mit unterschiedlichem Erfolg. Aber letztlich durchzieht doch sein ganzes Werk die Erkenntnis von der Ganzheit des Menschen. Die vielzitierten leiblich-sinnlichen »Begierden« hängen in ihrem Vollzug von der geistigen Haltung ab. Und die »Seele« vermittelt dem Leib, der ja nach einem Wort des Apostels Paulus Tempel Gottes sein sollte (1Kor 6,19), in der kontemplativen Versenkung die Wirkungen des Heiligen Geistes »bis in die Knochen und in das Knochenmark« (LB 2,22). Wenn Gott dem Körper eine Gnade vermitteln will, so nimmt sie normalerweise ihren Weg über die Seele[8]. Was aber ist die Seele in ihrer Eigentlichkeit, in der sich das wahre Menschsein enthüllt und erfüllt? Sie ist mehr als ein Lebensprinzip.

Johannes braucht unbedingt das Wort »Seele«, wenn es darum geht, einen Menschen zu zeigen, der sich Gott zuwendet und öffnet, der sich liebend dem göttlichen Wirken überlässt. So wird er in seiner gottabhängigen Geschöpflichkeit frei für Entwicklungen, die über das Geschöpfliche hinausgehen, Entwicklungen, die ihm von Anfang an zugedacht waren. Denn der Leib empfängt sein Leben von der Seele, und die Seele lebt am meisten dort, wo sie liebt und in dem, was sie liebt[9]. Die Seele nun, die sich Gott öffnet, damit er in ihr bleibe und sie in ihm, muß alles Spezifische loslassen, anders behindert es die Einung des Wollens und Liebens des Menschen mit dem Gottes. Sie muss ihre begrenzten Eigenschaften in einer Totalität übersteigen, die den Kern ihres Seins und ihrer Wahrheit bloßlegt.

Große Dichter unserer Zeit, keineswegs Christen, haben das aus ihrer Perspektive erkannt. So *Paul Valéry*, der in seinen morgendlichen Meditationen ein »Moi pur« erfuhr, ein eigenschaftsloses reines Ich, das erst von diesem »Nullpunkt« aus künstlerische Schöpfungen von ungeahntem Wert ermöglicht. Der Franzose Valéry bewunderte an Johannes vom Kreuz die »Fähigkeit zum Bewusstmachen innerer Vorgänge und zur Beschreibung des Ungegenständlichen«, wie es »selbst in der psychologischen Literatur fast beispiellos ist« (*Variété, Cantiques spirituels*). Juan de la Cruz gibt dafür ein über die Scholastik hinausgehendes Beispiel in der zusammenfassenden Beschreibung der erwähnten Verwandlung in seinem letzten Werk, der *Lebendigen Flamme der Liebe*: »Wenn es so ist, dass jedes Lebewesen, wie die Philosophen sagen, durch sein Wirken lebt, dann lebt die Seele, die durch die Gotteinung alles in Gott wirkt, Gottes Leben und hat ihren Tod in Leben gewandelt, ihr natürliches Leben in ein Leben im Heiligen Geiste. So wird denn ihr Verstand, der vor dieser Einung durch sein natürliches Licht und auf dem Wege über die Sinne erkannte, nun bewegt und geleitet vom höheren Prinzip des übernatürlichen Lichtes Gottes, wobei die Sinne keine Rolle mehr spielen, denn durch die Einung sind der Verstand der Seele und der Gottes gänzlich eines.«

Ein Gleiches gilt für den Willen und das Gedächtnis, so dass die ganze geistige »Dreifaltigkeit« des Menschen eins wird mit dem dreifaltigen göttlichen Leben: »Kurz, alle Antriebe, Tätigkeiten und Neigungen, die die Seele bisher aus der Kraft des natürlichen Lebensprinzips erhielt, sind nun in dieser Einung verwandelt in göttliche Antriebe, tot für das eigene Wirken und Wünschen, aber lebendig für Gott« (LB 2, 34).

Die von Juan gesuchten Übergänge und Wandlungen sind bis zu einem gewissen Grade dem vergleichbar, was ein anderer, moderner Schriftsteller, der Österreicher *Robert Musil*, als »höchste Selbstlosigkeit« beschrieb und damit in mystische Gefilde geriet: »Man muss seinen Geist aller Werkzeuge berauben ... Das Wissen ist von ihm abzutun wie das Wollen; der Wirklichkeit und des Begehrens, sich ihr zuzuwenden, muss man sich entschlagen. An sich halten muss man, bis Kopf, Herz und Glieder lauter Schweigen sind. Erreicht man aber die höchste Selbstlosigkeit, dann berühren sich schließlich Außen und Innen, als wäre ein Keil ausgesprungen, der die Welt geteilt hat«(*Mann ohne Eigenschaften Bd 2, Nachlass*).

Hier wird offensichtlich im Heilwerden der Welt ein übernatürliches Heil beschrieben. Ein »Keil« ist ausgesprungen, der Widerstand des Unmöglichen überwunden. In der Berührung von Außen und Innen wird ein Paradoxon überbrückt.

BALLAST ABWERFEN

Aber dennoch: auch in der Vereinigung von Außen und Innen, auch in der »höchsten Selbstlosigkeit« wird Gott zwar berührt, bleibt aber doch wesensmäßig über allem. Wir dürfen das, meint Johannes vom Kreuz, nicht vergessen:

Bedenke, dass Gott unerreichbar ist und du darum nicht darauf beharren darfst, ihn mit deinen geistigen Vermögen begreifen und mit deinen Sinnen wahrnehmen zu wollen. Sonst nämlich wirst du unzufrieden und deine Seele verliert die Leichtigkeit, die sie braucht auf ihrem Wege zu Gott. (54)

Als man Johannes einmal nach den Voraussetzungen für die »Ekstase«, d.h. für die Erfahrung der Gotteinung befragte, antwortete er, man müsse den eigenen Willen verleugnen, um den Gottes zu tun. So »befreit vom Ballast gehe man in Gott auf«[10]. Leichtigkeit also ist gefragt, »Gepäck« ist abzuwerfen. Der zu schluckende »Pfeffer« des Johannes vom Kreuz meint durchaus keine Leidensseligkeit. Gott, der von uns Vernunft erwartet, zeigt sich auch selbst als ganz »vernünftig«:

Gott will weder, dass die Seele sich um ein Nichts betrübe, noch dass sie Nöte leide. (56).

Widerspricht sich Juan hier, steht das im Gegensatz zur Nachfolge Christi, zur Tröstung Gottes für die Mühseligen und Beladenen, wovon zuvor die Rede war? Auf die Stufe kommt es an, auf die innere Entwicklung. Der Aphorismus fährt fort:

Wenn sie dennoch leidet unter den Widrigkeiten der Welt, so geschieht das durch innere Schwäche, da ja die Seele des Vollkommenen sich freut in dem, was die unvollkommene Seele bekümmert. (56)

So wie sich in der *Lebendigen Flamme der Liebe* die schmerzhafte Glut des Brenneisens zur beglückend wärmenden und leuchtenden Flamme wandelt, erfährt der »Nachfolger« Christi nicht nur seinen Tod, sondern auch seine Auferstehung und Gotteskindschaft. Auf das Nichtwissen und Nichtverstehen dunkler Nächte folgt ein in Glaube, Hoffnung und Liebe erhelltes Bewusstsein, für das »alles anders wird«[11]. Dabei nennt Johannes den Glauben »die Füße, mit denen wir auf Gott zugehen«[12]. Die Füße finden im Dunkel des Nichtverstehens ihren Weg durch das richtungweisende Licht des Vertrauens. Denn weil »der Verstand nicht wissen kann, wie Gott ist, muss er notwendigerweise vertrauend und nicht verstehend auf ihn zugehen. Zu seinem Besten muss er sich so verhalten. – Er darf sich nicht mit spezifischen Einsichten befassen, denn damit gelangt er nicht zu Gott, sondern wird eher unterwegs über die eigenen Füße stolpern« (LB 3,48).

Der mit Gottes Hilfe zu Glaube, Liebe und Hoffnung gewandelte Mensch, der Mensch des »Paradigmenwechsels«, wie die heutigen New-Age-Vertreter vielleicht sagen würden, täte sich selber Unrecht, wollte er sich weiter mit Sorgen und Wünschen belasten:

Wie einer, der den Wagen bergauf zieht, so wandert die Seele, die ihre Besorgnis nicht abschüttelt und ihre Begehrlichkeit nicht überwindet, zu Gott. (55)

Nein, das neue Bewußtsein des gewandelten Menschen ist so froh, wie es uns von Johannes vom Kreuz berichtet wird, wenn er auf seinen Wanderungen Lieder in die Landschaft schmetterte, wie er sie besonders in der lieblichen Wildheit Granadas liebte. Und auch im Autograph der Dichos oder Weisungen bricht aus dem Bewußtsein des Schreibenden plötzlich ein begeisterter Hymnus hervor – ungefügig im Ganzen schon um seiner Länge und der hervortretenden Ichform willen, und doch authentisch eingefügt von der Hand des sorgfältigen Autors. Aber der hymnische Jubel setzt nicht gleich mit diesem Fortissimo ein. Er beginnt pianissimo als persönliches Gebet des Vertrauens und vertrauter Nähe:

Herr und Gott, mein Geliebter! Wenn du noch meiner Sünden gedenkst und darum jetzt meine Bitte nicht erhörst, so geschehe, mein Gott, dein Wille, denn das ist es, was ich am meisten wünsche. Und lass deine Güte und Barmherzigkeit walten, daran man dich erkennen wird. Und wenn du auf meine Werke wartest, um mein Flehen zu erhören, so gib sie mir durch dein Wirken und füge hinzu die Buße, die du annehmen willst.

Es gibt kaum einen zweiten Text, in dem sich die Persönlichkeit und Erfahrung des Johannes vom Kreuz so unmittelbar äußert wie in diesem spontanen Gebet. Gottes Mitwirken in Reue und Buße macht auch das Schwere leicht. Buße ist nicht mehr Ballast. Der Heilige weiß, dass Gott in seiner Gnade und Barmherzigkeit viel mehr schenken will als das, was sich unser kleines Wünschen und Bitten erträumt. Dennoch bemüht er sich und betet, um in Liebe Gottes Willen zu erfüllen, was genauer heißt: um auf seine Liebe zu antworten. Gerade im Spanischen, das für Wollen und Lieben das gleiche Verb »querer« verwendet, wird das deutlich:

Wenn du aber keine Werke von mir erwartest, was erwartest du dann, o mein gnädigster Herr? Warum säumst du? Wenn ich letztendlich

Gnade und Barmherzigkeit in deinem Sohne erbitten soll, so nimm das Scherflein meines Betens, denn du wünschst es, und gib mir dieses Gnadengut, denn du willst auch das.

Gott, so wie er sich in Jesus Christus zu erkennen gibt, ist demütig. Er will so wenig für sich. Schon die kleinste Münze – spanisch »cornadillo«, biblisch das »Scherflein der Witwe« – stellt ihn zufrieden, während er unendlich schenkt! Er schenkt Freiheit, indem er den Menschen über die natürlichen Begrenzungen hinausführt:

Wer könnte sich freimachen von niederen Mitteln und Zielen, wenn nicht du, mein Gott, ihn in reiner Liebe zu dir erhebst? Wie könnte sich der Mensch, in Niedrigkeit gezeugt und geboren, zu dir erheben, wenn nicht du, Herr, ihn emporträgst mit der Hand, die ihn erschuf?

Gott ist treu und zuverlässig. Er nimmt seine Geschenke nicht zurück. Jesus Christus bringt das Heil für immer, und der Mensch, der in seinem Geist zur Liebe findet, ist der Zeit schon überlegen:

Du wirst, mein Gott, mir nicht nehmen, was du mir einmal in deinem einzigen Sohn Jesus Christus gegeben hast, in dem du mir alles gabst, was ich mir wünsche. Darum bin ich zuversichtlich, dass du nicht säumen wirst, wenn ich warte und hoffe. Warum wird meinem Herzen das Warten lang, wenn es doch Gott schon lieben kann?

Und nun, im Bewußtsein grenzenloser Liebe, setzt der eigentliche Hymnus mit seinem Fortissimo ein. Der gewandelte Mensch singt:

Mein sind die Himmel und mein ist die Erde. Mein sind die Völker, die Gerechten sind mein und mein die Sünder. Die Engel sind mein, die Mutter Gottes und alles. Sogar Gott selbst ist mein und mir gehörig, denn Christus ist mein und ist mir alles.

Hier gibt es nichts mehr zu erläutern, alles ist Vollendung und Freude! Dennoch sei eine kleine philologische Bemerkung erlaubt, weil sie sinnerhellend ist. Denn der Kern dieses Freudenhymnus wurde und wird im Deutschen immer wieder falsch übersetzt. Es geht dabei um die letzte und entscheidende Aussage, die spanisch lautet: »Porque Cristo es mío y todo para mí«. Ich finde, dass das in den bekannten älteren Editionen missverständlich übersetzt als: »Denn Christus ist mein und für mich«[13] oder »Da Christus mein und ganz für mich ist«[14]. Hier fehlt das »alles«. Aber auch neuere Übersetzungen zielen daneben, wenn sie nun den Jubel, alles zu besitzen, herausstellen. Johannes geht es einzig um Jesus Christus, nicht um das Haben von allem und jedem. Dabei liegen für den Hispanisten die Verhältnisse einfach. Die Praeposition »para« drückt einen alten Dativ aus, also »Christus ist mir alles« im Sinne von »Christus ist alles für mich«. Johannes nimmt dieses »alles« doppelsinnig: Himmel und Erde, Engel und Heilige, ja, Gott selbst werden umfasst in diesem über alles geliebten Namen. Ohne ihn wäre alles nichts und Gott unerreichbar. Mit Christus aber ist der Reichtum unermesslich: Kein Reichtum des Habens, sondern ein Reichtum des Seins und des Liebens.

Was also erbittest und suchst du, meine Seele? Dies alles ist dein und alles gehört dir. Schätze dich weder gering noch sammle die Brosamen, die vom Tische deines Vaters fallen. Geh hinaus und verherrliche dich in deiner Herrlichkeit. Verbirg dich in ihr und sei selig, und du erlangst alles, was dein Herz begehrt![15] *(26)*

Das Herz und sein Begehren sind jetzt in der erreichten Unio mystica geformt nach Gottes Herzen. Ein »Geschmack des ewigen Lebens«, wie Juan gern sagt, eine Erfahrung, die nichts Esoterisches oder gar Exotisches am Rande des Christseins bedeutet. Sie ist vielmehr das Zentrum dieses Christseins selbst.

Der Gipfel der Wandlung aber ist in seiner Unaussprechlichkeit ein Gipfel des Schweigens. So wie eben Liebende im innigen Beieinander schweigen:

Der schon lautere Geist kümmert sich weder um fremde Meinungen noch um gesellschaftliche Konventionen. Vielmehr verbindet er sich in der Stille mit Gott, frei von allen Ansprüchen in tiefinnerer beglückender Ruhe. Denn Gott erfährt man in göttlichem Schweigen. (27)

2
Perspektiven
gelingenden Lebens

Puntos de amor y avisos

In den maßgeblichen spanischen Editionen der Werke des Johannes vom Kreuz sind die »*Puntos de amor y avisos*«, die »Anmerkungen und Ratschläge der Liebe«, in die »*Dichos de luz y amor*«, die »Weisungen des Lichtes und der Liebe« integriert. Sie waren, wie schon gesagt, aus der seelsorgerischen Praxis erwachsen, zunächst im Menschwerdungskloster der Mutter Teresa von Ávila, später und vor allem dann im andalusischen Beas de Segura für die dortigen Karmelitinnen, mit denen Johannes eine besondere Freundschaft verband: Die überreichten Zettel wurden im günstigen Falle aufbewahrt und konnten später zu viel bearbeiteten und abgeschriebenen Manuskripten gesammelt werden.

FRIEDEN JETZT UND HIER

Der seelsorgerische Ansatz des Johannes vom Kreuz ist ein psychologischer, der sich zwischen dem Vorbild Jesu Christi und der persönlichen Erfahrung ausspannt. Erfahrung war auch das Kennwort der neuen Zeit, der Renaissance, die ihre Erkenntnis aus der wiederholbaren Erfahrung, dem Experiment also, ableitete. Daher nun die enorme Bedeutung der Kontemplation, deren Erschließung die Schriften einer Teresa von Ávila und eines Johannes vom Kreuz motiviert. Aber Kontemplation war nicht einfach eine Technik. Sie war vielmehr nur erreichbar durch innere Haltungen, die sich aus der existentiellen Vertiefung in christliche Grundwerte ergaben. Kontemplation im Verständnis des Johannes erfordert die allmähliche Verwandlung des alten Adam in den inneren Christus. Heute würde man oft lieber sagen: des kleinen Ich zum großen Selbst, wenn auch dieses Selbst C.G. Jungs ein hypothetisches ist. Klar bleibt, dass im Menschen höhere Möglichkeiten stecken als die rein natürlichen des Alltags. Andererseits kann ein Ansprechen dieser höheren Möglichkeiten gerade helfen, auch diesen Alltag besser zu bewältigen. Sogar, wenn dem natürlichen Lebensgefühl Gott unendlich fern erscheint.

Auch Johannes vom Kreuz weiß, dass Gott unsere empirische Welt materiell wie geistig übersteigt. Aber er sucht Mittel und Wege, sich dennoch diesem Überstieg zu nähern, in diese unzugänglichen Höhen auf einer paradoxen mystischen Jakobsleiter zu gelangen. Paradox, weil auf der Liebesleiter die Stufen den Demütigen aufwärts, den Hochmütigen abwärts führen[16].

Diese Leiter, die von Gott herabgelassen wurde, beginnt für den Menschen auf Erden. Und hier liegt nun das eigentliche Interesse des Johannes vom Kreuz als Lehrer und geistlicher Führer. Er muss empirisch vom konkret Vorhandenen ausgehen, um dann – behutsam oder in kühnen antithetischen Sprüngen – zu jenen Verwandlungen zu gelangen, die wir nur mit Gottes Hilfe vollziehen können, weil sie uns zu »Kindern« Gottes machen sollen. Am Anfang steht also das Fehlerhafte und Vergängliche. Am Ende das Vollkommene und Bleibende. Freilich ist das nur möglich unter der Voraussetzung, dass es Gott wirklich gibt und dass er sich in Jesus Christus auf Erden offenbare. Die praktischen Anleitungen des Johannes vom Kreuz ruhen selbstverständlich auf dem Fundament seiner Zeit, dem christlichen Glauben.

Dieser Glaube ist heute noch weitgehend unbewusstes und säkularisiertes Fundament des »Abendlandes« oder, wie wir heute sagen, des »Westens« – aber im Bewußtsein des Einzelnen spielt er nur noch eine sehr bedingte Rolle.

Der Zugang zur geistigen, zur »spirituellen« Erfahrung wurde durch das »Machbare« verschüttet, der tägliche TV-Überblick über alle Katastrophen dieser Welt macht Goethes »Was kümmert's mich, wenn draußen in der Türkei die Völker aufeinanderschlagen« nicht mehr möglich. Damit schwand aber auch das Vertrauen auf einen »Vater im Himmel«, der einen im gegebenen Augenblick schon beschützen würde, wenn man nur an ihn glaubte. Denn die Katastrophen treffen Gläubige wie Ungläubige. Andererseits brauchen aber die »Ungläubigen«, die Atheisten oder Agnostiker, die leugnen würden, dass ihre Haltung ebenso ein Glaube ist, – denn Gottes Sein kann man weder wissen noch nicht wissen, – doch auch ihr »Höheres«. Sei es nun gefunden in der Musik und anderen Künsten, im Sozialismus oder anderen ethischen Haltungen. Der scheinbar gottfreie Buddhismus erfreut sich großen Zulaufs aus dem Westen, obwohl oder weil er große Anforderungen an die Selbstüberwindung stellt. Ganz offensichtlich ist der Mensch ein Wesen, das immer wieder seine natürlichen Grenzen zu übersteigen sucht. Und mit Recht wird heute in der Presse von klugen Geistern die Frage gestellt, wie man denn menschliche Werte, Menschenwürde und Menschenrecht überhaupt begründen wolle ohne einen Bezug auf Gott, ohne den seit 2000 Jahren latent wirksamen »Blick« auf Jesus Christus.

Hier nun ist bei Johannes vom Kreuz anzuknüpfen. Zwar ist er noch frei von unserer Problematik, aber als genialer Mystiker und Dichter ahnt er kommende Zweifel. Schließlich kennt er das Gefühl der Gottverlassenheit als zutiefst läuternde Nacht. Allerdings nur in dem Menschen, der Gott dennoch ersehnt und sucht. Und auch Juans Zeit war erfüllt von Kriegsgeschrei, Gewalt und Erschütterungen der kirchlichen und Glaubens-Fundamente. Er bildet in seinem Werk und konzentriert in den vorliegenden »Aphorismen« einen Antagonismus von Vergänglichem und Unvergänglichem, Irdischem und Himmlischem, Menschlichem und Göttlichem, dessen Spannungen es auszuhalten, ja zu leben gilt. Leben aber kann man diese Spannungen nur im Jetzt und Hier des Erdendaseins. Das ist entscheidend für die Ratschläge des Johannes. Er kennt nicht das Kompensationsdenken, das heutige Kritiker des Christentums so stört. Er sagt nicht: Leide hier, dann wirst du selig im Jenseits. Er sagt: Verliere dich nicht an die Begrenztheit des Irdischen, dann wirst du die Grenzenlosigkeit des Göttlichen erfahren – hier und jetzt. Das »Später« des Jenseits ist dann so etwas wie eine krönende Fortsetzung, nicht aber eine kompensierende Antithese. Das nimmt aus manchen kleinkarierten christlichen Segeln den Wind, und das gestattet auch den von Kirche und Glauben Entfernten die Fahrt zu neuen, zu anderen Ufern.

Johannes äußert sich sogar sehr genau: Die erfahrbare Grenzüberschreitung zum Göttlichen erfaßt nicht das unendliche göttliche Wesen als solches – das bleibt dem Menschen unzugänglich. Erfahrbar ist die Grenzenlosigkeit der Liebe, auf deren Möglichkeit der bemühte Mensch angelegt ist. Eine ständige »Qualitätsverbesserung«! Nicht als natürlicher Prozeß, der sich im Laufe der Jahre von selbst einstellt, sondern als eine Verwandlung, die, wie alles Wesentliche im Leben, der Mühe und Anstrengung bedarf. Das Ziel ist nicht ständiger Stress, sondern innerer Friede:

Laß deinen Geist einzig in Gott seine Nahrung suchen. Nimm Abstand vom Wichtignehmen der Dinge und hege Frieden und Sammlung in deinem Herzen. (80)

Das Finden des Friedens erfordert Konzentration, »Sammlung«, überlegte Behutsamkeit. Kein Vorpreschen, kein momentanes Eindruckmachen und sich Profilieren. Nicht nur nach außen hin, auch für uns selbst im Innern, das ist entscheidend. Auch kein Missbrauch »freier Gedanken«. Anders verstricken wir uns in Unwichtigkeiten, verlieren das Interesse am Wesentlichen und leben in kühler Belanglosigkeit:

Halte, so sehr du kannst, Zunge und Gedanken im Zaume, und habe immer Gott im liebevollen Sinn. Dann wird dir der Geist göttlich erwärmt. (79)

Johannes weiß, wie schwer es ist, sich selbst zu »zügeln«, darum sagt er milde »so sehr du kannst«. Aus der Milde spricht menschliche Wärme. Und Wärme erkennt er als eine gottgeschenkte Lebensperspektive, Licht und Wärme sind die ersten Gaben und die letzten Dinge, wie Juan so poetisch-eindringlich in seinem letzten Werk, der Lebendigen Flamme der Liebe, dargelegt hat. Gottesliebe ist immer auch mitmenschliche Liebe. Eine Liebe, die sich geborgen weiß und darum ruhig ist. Der »Skeptiker« mag das finden in seinem Höchsten, seinem übergeordneten Werk, in dem er wohl doch so etwas verehrt wie den unbekannten Gott, von dem Paulus im 17. Kapitel der Apostelgeschichte spricht[17]. Oder in seiner Familie, die er liebt und für die er mehr tut, als es die Skepsis gebietet.

Johannes aber denkt hier vor allem an die innere Stille, den Frieden des kontemplativen Betens, denn dieses ist ein »liebendes Aufmerken auf Gott«, was es zumindest theoretisch von den meisten Schweigemeditationen östlicher Prägung unterscheidet. Die Ausrichtung ist auch in der Aktivität des Alltags zu wahren. Der liebevolle Blick verträgt sich nicht mit vielem aufgeregten Reden. Auch im menschlichen Miteinander werden wir ja still, wenn wir unsere Liebe spürbar machen wollen:

Verweile ruhigen Geistes im liebenden Aufmerken auf Gott. Und wenn es nötig ist zu sprechen, geschehe es in gleicher Ruhe und in gleichem Frieden. (81)

Aber nicht nur das Sprechen, auch das Handeln hat ohne Erregung zu geschehen, unverhaftet, wie man früher sagte. Hier klingt an, was auch die Verehrer östlicher Weisheit überzeugt: Das Vanitas-, das Vergänglichkeitsmotiv. So wie Johannes es in den Sprüchen des Predigers, des Kohelet fand: »Vanitas vanitatis dixit Ecclesiastes vanitas vanitatum omnia vanitas« (Koh 1,2)[18]. Es spielte in der Renaissance-Liebeslyrik Spaniens eine große Rolle. Die Geliebte wurde an die Vergänglichkeit von Leben und Schönheit erinnert, damit sie den Geliebten endlich erhöre. Juans geistliche Ratschläge treffen auch im Weltlichen das Lebensgefühl seiner Zeit. Der Gedanke des Vergehens ist der dunkle Hintergrund, vor dem sich um so leuchtender im Weltlichen das Jetzt und Hier[19], im Geistlichen der bleibende, unendliche Gotteswert abhebt. Juan verbindet in seinem Werk und in seinen Ratschlägen beides: Jetzt und hier sind Gottes Werte zu verwirklichen, anders wird nichts daraus. Darum die engagierte Distanz:

Versuche dein Herz in Frieden zu halten. Lass dich von keinem Ereignis der Welt beunruhigen. Bedenke, wie alles ein Ende nehmen muß. (153)

Dem Christen ist die Liebe als Gottesgabe höchsten Wertes nicht in das Ende einbezogen. In Bemühen und Hingabe stets neu, wirkt sie erhaltend:

Die Seele, die in der Liebe lebt, ermüdet nicht und ermüdet niemanden. (96)

Wer aus solcher Liebe lebt, kann mehr leisten, als er selbst sich zutraut. Gottes Barmherzigkeit hilft ihm. Und diese Erfahrung der eigenen Grenzen und der erhaltenen Hilfe sollte ihn selbst barmherzig machen:

Verweigere nicht die Anstrengung[20], auch wenn du meinst, du könnest sie nicht leisten. Und übe Barmherzigkeit gegen alle. (148)

Mit dem Vertrauen in Gottes barmherzige Hilfe vermeidet Johannes einen verkrampften Leistungswillen. Hier zeigt sich wieder jene psychologische Klugheit, von der seine mit ihm umgehenden Zeitgenossen berichteten: Seine Korrekturen als Vorgesetzter waren sanft, suchten immer das objektive, in Gott verankerte Beste des Angesprochenen[21], auch wenn sie subjektiv im Augenblick streng wirken mochten. Dieser Zusammenhang von Forderung und Erbarmen gehört zur fördernden Liebe. Man liebt nur, wo man versteht, man versteht nur, wo man liebt:

Das reinste Leiden bringt und verschafft das reinste Verstehen. (126)

Weiß doch auch der Leidende sich zutiefst von Jesus Christus erkannt und angenommen. Ein höheres Wissen erwächst aus dem Leiden. Entsprechend wächst unsere eigene Einfühlung in andere nicht durch bloßes Wohlergehen. Ähnliche Erfahrung erst bringt den Zugang. Schon seit dem Katalanen Ramon Llull (1232-1316) hat das Wissen um die gegenseitige Bedingtheit von Lieben und Erkennen in der Mystik der Pyrenäenhalbinsel seinen festen Platz.

VERLUST UND GEWINN

Johannes vom Kreuz schätzt die realistische Sicht und das konkrete Bild. Er entstammte väterlicherseits einer adeligen Familie aus Toledo, deren Tätigkeit im Seiden- und Tuchhandel doch auch einen jüdischen Einschlag nahelegt, wie es uns im Falle der heiligen Teresa von Ávila bezeugt ist. Die spanischen Juden waren die Träger des Bürgertums und des Wirtschaftslebens. Der christliche Adel versagte hier und versagte sich aus ideologischen Gründen. Johannes vom Kreuz oder Juan de Yepes y Álvarez mit seinen Vorfahren in Toledo rechnet in seinen Ratschlägen gelegentlich nach Kaufmanns- oder Bankiersart, wenn auch mit dem leisen Lächeln, von dem seine Zeitgenossen berichten[22]:

Man macht mit Gottes Vermögen in einer Stunde mehr Gewinn als mit dem unseren im ganzen Leben. (133)

Dann erläutert er das Gemeinte im ganz und gar menschlichen Sinne, weit über die Klostergrenzen hinaus:

Sich wagen und sich verlieren und anderen zum Gewinn dienen, ist dem mutigen Sinn, dem großzügigen, gebefreudigen Herzen eigen. Dazu gehört, dass man gibt, ehe man empfängt, bis man schließlich sich selber gibt. Denn man empfindet es als große Last, ichbesessen zu sein, so dass man sich lieber selbstvergessen in Besitz nehmen läßt. Gehören wir doch mehr jenem unendlich Guten als uns selbst. (136)

Das Sichwagen gilt allerdings auch im weltlichen Bereich sinnvoll nur »dem höchsten Gut«. Man darf hier ruhig wieder den modernen *Ortega y Gasset* hören: »Selbstsucht ist ein Labyrinth. Leben heißt auf ein Ziel abgeschnellt sein, auf etwas zuwandern. Das Ziel ist nicht mein Wandern, nicht mein Leben; es ist etwas, woran ich mein Leben setzte, und ist deshalb außerhalb, jenseits des Lebens[23].« Der Christ weist auf den Zusammenhang mit Gott und seinem Wollen, wie es sich in Mensch und Schöpfung zeigt. Und da dieses unendliche Gut dem Christen personal begegnet, gilt für die Entsprechung von Verlust und Gewinn das Gleichgewicht der Liebe:

Die Seele, die wünscht, dass Gott sich ihr ganz schenke, muss sich ihm ganz und rückhaltlos geben. (127)

Dabei sind Verlust und Gewinn nicht verschiedene Dinge oder Güter. Der Verlust selbst ist der Gewinn. Das liegt an der Art unserer Gottesbeziehung, unserer Hingabe an das höchste Gut, die immer »bereichernder« wird, je weniger wir uns vom Haben, stattdessen aber vom bloßen Sein bestimmen lassen. Das gilt nicht minder etwa für die Sufimystik, aus der die schönste Liebeslyrik der Welt hervorging, wie schon Goethe bemerkte. In ihr scheint auch das bei Juan so häufig vorkommende Wort »nackt« zum Repertoire zu gehören[24]. Wie in Grimms Märchen vom Sterntaler-Mädchen überströmt im Weisheitsspruch des spanischen Heiligen Gottes Großmut den, der aus Liebe alles hingab:

Den Armen, der nackt ist, wird man bekleiden, und die Seele, die sich entblößt von all ihrem Begehren, von ihrem Wollen und Nichtwollen, wird Gott bekleiden mit seiner Reinheit, seinem Wohlgefallen und Willen. (97)

Nackt sein heißt in aller Wahrheit und Echtheit ausgeliefert sein. Wie Christus am Kreuz und wie ein Neugeborenes. Und gleich dem Märchenkind, das auch noch sein Hemd hinschenkte. Das freiwillige Sichausliefern muss von ganzem Herzen geschehen, ohne Rückversicherungen, denn:

Wer halbherzig vorgeht, ist nah am Fallen. (178)

Eine solche »ganzherzige« Öffnung erfordert rechte Kenntnis der Werte. Man muss wissen, auf was man sich einlässt, Zweifel überwunden, alle hindernden Verhaftungen losgelassen haben:

Festes Vertrauen in Gott, schätzen, was er schätzt an dir selbst wie an den Mitchristen[25]: das sind die geistlichen Güter. (88)

Nur haben diese geistlichen Güter es an sich, dass man aus ihnen leben, aber durch ihr Verliehensein nicht stolz werden darf. Versuchte man sich damit »zu zeigen«, so verlöre man sie, denn Stolz und Eitelkeit entwerten. Ein Tun aus der Gottverbundenheit heraus ist nicht marktschreierisch, sondern unaufdringlich:

Mit Gott allein wandeln, aus der Mitte wirken, Gottes Schätze verbergen. (135)

Wie im Hohenlied ist Gott immer wieder der Verborgene, sich verbergende und im Herzen zu bergende und zu schützende. Aus der Mitte wirken heißt dann: aus ihm und mit ihm wirken. Das kehrt die weltliche Wertskala um, die das Schlucken der »gepfefferten Häppchen« erschwert. Gelassenheit, Liebe und Friede gehören nicht zum ehrgeizigen Vorwärtsdrängen und sich mit den Leistungen anderer Vergleichen:

Es sei dir lieb, kein Ansehen zu genießen, weder bei dir noch bei anderen. Sieh niemals weder auf fremde Vorteile noch Übel. (134)

Im Grunde enthält solche Haltung – Zurückhaltung – keine Duckmäuserei, eher eine ruhige Überlegenheit. Denn so können weder Neid noch Habsucht das Herz zerfressen und die Ruhe rauben. Auch wird man nicht entmutigt. Der Vergleich mit anderen schwächt und ist Zeitvergeudung. Wenn aber Gott in uns und durch uns wirken kann, muß zudem ja gedämpfter Ehrgeiz nicht zwangsläufig Erfolglosigkeit bedeuten. Doch das Wissen, alles von Gott zum Besten der nützlichen Aufgabe, des »Dienstes« zu erhalten, muß stärker sein als das Sichverlassen auf die eigene Begabung und Leistung. Alle Kontemplation (und nicht nur die christliche) übt eben das ein: Gott aus der Mitte wirken zu lassen. Diese Konzentration, die vom eigenen Ich wegblickt, spart auch Kräfte. Dabei können Tugenden gedeihen, die heute fast vergessen, aber für den Gottesweg notwendig sind: Demut und Sanftmut. Johannes gibt Definitionen, in denen sich die ungeahnte Wirksamkeit des scheinbar Schwachen offenbart:

Demütig ist, wer sich verbirgt ins eigene Nichts und sich Gott zu überlassen weiß. (173)

Das eigene Nichts wertet nicht ab: Es meint das Geschöpfliche im Vergleich zum Schöpfergott. Und es gehörte zu den großen Erfahrungen des Johannes vom Kreuz, dass aus dem Nichts ein Alles werden kann, sobald wir Gott in seinem Wirken nicht eigenmächtig behindern. Von ihm her hat jedes Geschöpf seinen Wert. Wir heutigen sind dieser Haltung fern bis hinein in die Hybris des Engelssturzes. Johannes aber erfuhr, wie aus der Demut jene Geduld und Sanftmut erwächst, die uns bei der Lektüre der Heiligen Schrift immer wieder Bewunderung für Jesus Christus abnötigt. Etwa, wenn er dem Knecht, der ihn zu seiner Hinrichtung gefangennimmt, das vom zornigen Petrus abgeschlagene Ohr heilend wieder ansetzt. Wie groß muss der Haß seiner undemütigen Gegner gewesen sein, dass niemand dieses Wunder beachtete! Sanftmut ist ein Gotteswert. Juan sieht, wie wir diese Eigenschaft auch im Blick auf uns selbst brauchen, ein Vorstoß in moderne psychologische Gefilde:

Sanftmütig ist, wer sich selbst und den Nächsten ertragen kann. (174)

Das ist eine realistische Variante von »Liebe deinen Nächsten wie dich selbst«. Ist solches Ertragen nicht schon das halbe Leben? In diesem sanftmütigen sich und den Mitmenschen Annehmen verwirklicht sich die Bewahrung des inneren Friedens. Dieser Friede aber ist Voraussetzung für das Gewinnen einer »Dauer im Wechsel«, einer heilen und heilenden Gottverbundenheit. Alle diese »Verluste«, die mit der Selbstüberwindung oder gar »Selbstverleugnung« gegeben scheinen, sind in Wahrheit Gewinn in entsprechender Größe:

Wer allem zu sterben weiß, findet Leben in allem. (170)

Darin klingt etwas an von Ostern und Pfingsten, auch wenn Juan in den »Puntos de amor« große und etikettierende Worte meidet. Solches »Sterben um zu leben« war in der mittelalterlichen Troubadourdichtung wie auch speziell in Spaniens Lyrik eine wegen des Überraschungseffekts beliebte paradoxe Formulierung[26], auf der Teresa von Ávila ihr Gedicht mit dem Kehrrreim »que muero porque no muero« (»dass ich sterb', weil ich nicht sterbe«) aufbaute, das dann wenig später Johannes vom Kreuz genial paraphrasierte. Der über 700 Jahre das Leben auf der Pyrenäenhalbinsel erheblich mitgestaltende Islam mag an der volkstümlichen Verbreitung dieses sinnreichen Paradoxons mitgewirkt haben, denn schon die frühe Sufimystik des 8. Jahrhunderts kannte das geflügelte Wort vom »Sterben vor dem Sterben«[27].

REDEN UND SCHWEIGEN

Im geistigen und geistlichen Leben aller Völker spielt das Schweigen eine so große Rolle, dass sich Hinweise fast erübrigen. Schweigen öffnet Türen, es ist kein Fallen ins Nichts. Wichtiger noch als das äußere Schweigen des »Mundes« ist jenes innere Aufhören des Diskursiven, also der Denk- und Imaginationsbewegungen, das heute in Praktiken fremder Religionen gesucht wird, obwohl die christliche Mystik es ebenfalls pflegte. Aber es erforderte in dieser auch ein entsprechendes geistliches Engagement und ist heute als Wissen verschüttet. Solch inneres Schweigen, solch Verebben und Stillwerden des Denkens ist nicht mit Erleuchtung zu verwechseln. Es schafft vielmehr die Voraussetzung für die Aufnahme göttlicher Gnaden, die anders unzugänglich sind. Darum bedarf es weiterer Ausrichtung, denn auch Ungutes (»Dämonisches«) könnte in das Innere des schweigend Geöffneten einbrechen, weshalb Menschen mit psychischen Erkrankungen zu »Schweigeseminaren« nicht zugelassen werden sollen. (Wobei sich praktisch manchmal aus einem Verschweigen Schwierigkeiten ergeben.)

Johannes vom Kreuz erwähnt solche Gefahren nicht. Die nach seiner Methode zunächst über Evangelienmeditationen erlangte Ausrichtung auf Gott[28] und die dadurch gewonnene Liebe geben den benötigten Schutz. Zudem versteht Juan das Schweigen in einem noch weiteren Sinne: Schweigen auch der Wünsche, Schweigen der ganzen vorlauten Ichhaftigkeit, darum geht es:

Was wir zum inneren Fortschritt vor allem brauchen, ist Aufhören der Wünsche und Worte vor diesem großen Gott. Denn seine Sprache, die er vor allem hört, ist allein die der schweigenden Liebe. (131).

Hier wird die gleiche Sprache gesprochen wie gehört: die Sprache der Liebe, die – wie auch in unserem zwischenmenschlichen Leben – in ihren erfülltesten Augenblicken keiner Worte bedarf. Das Ego wird still, weil es liebt. So tritt dann an die Stelle der Worte und lautlosen Gedanken DAS WORT, das urschöpferische und urliebende Wort des Johannes-Evangeliums, in dem sich das Geheimnis des Gottessohnes Jesus Christus verbirgt und offenbart. Das Wort, in dem Gott sich dem Menschen gegenüber ausspricht und schenkt:

Ein Wort sprach der Vater, und das Wort war sein Sohn, und immer spricht er es in ewigem Schweigen, und in Schweigen muss es die Seele hören. (99)

Der Gottessohn ist für Johannes vom Kreuz als WORT auch immer die göttliche Weisheit. Was denn auch sollte das WORT enthalten, wenn nicht erhabenes Gottsein und Gotteswissen? Schon in seinem ersten Werk, dem *Aufstieg zum Berge Karmel*, hatte Juan geschrieben: »Im Gottessohn sind alle Schätze der Weisheit und des Gotteswissens verborgen. Diese Weisheitsschätze sind für dich bedeutsamer, erfreulicher und nützlicher als sonst alles, was du wissen möchtest«[29]. Und im Vorwort zum späteren *Geistlichen Gesang* lehrt er, wie die »mystische Weisheit« Liebe ist, die keines zergliedernden Verstehens bedarf[30]. Also schreibt er auch seiner geistlichen Tochter im Beas-Kloster den Hinweis:

Die Weisheit tritt bei uns ein durch die Tür der Liebe, des Schweigens und der Selbstüberwindung. Große Weisheit ist es, wenn man zu schweigen versteht und den Blick nicht auf anderer Reden, Tun und Leben richtet. (108)

Weisheit hat immer etwas Lebensbewahrendes, Förderndes. Zum weisen Schweigen gehört nicht nur die Distanzierung von eigenen Wünschen, sondern auch das behutsame und achtungsvolle Abstandnehmen vom Urteilenwollen über die Mitmenschen, das immer etwas »Vorlautes« hat, zumal in diesem Zusammenhang Urteilen meist Verurteilen bedeutet:

Man blicke nicht auf die Unvollkommenheiten anderer, bewahre Schweigen und ständigen Umgang mit Gott. Dann werden große Unvollkommenheiten aus der Seele gerissen und wird sie Herrin über bedeutende Tugenden. (117)

Johannes mag hier an das Jesuswort vom »Splitter« und vom »Balken im Auge« gedacht haben[31]. Durch die bewusste Zurückhaltung im Urteilen wird auch die Selbstkritik geweckt, ein eigener Läuterungsprozess wird gefördert. Es handelt sich also um mehr als um kontemplative Schweigepraxis, es geht um Lebenshaltungen, die in ihrem Sichzurücknehmen nicht Enge bedeuten, sondern im Gegenteil Weite und Freiheit schaffen. Da Gott unsere Fehler tilgen hilft, verschwinden sie dann im Schweigen, das kein Selbstzweck ist, sondern Liebe einlässt und damit auch Rücksicht, Toleranz, Mitgefühl, um nur einige der Eigenschaften zu nennen, auf die Johannes in dem Zitat anspielt. Der für unsere Zeit so typischen Kritisiersucht – nur andere machen Fehler, wir selbst sind die reinsten Engel – wird der Boden entzogen. Aus der ganz anderen Grundhaltung erwachsen Frieden und ein neues, tieferes oder höheres Wissen:

Schau auf jene unendliche Weisheit und auf jenes verborgene Geheimnis: Welch einen Frieden, welch eine Liebe, welch ein Schweigen birgt diese göttliche Brust! Welch ein erhabenes Wissen wird hier von Gott gelehrt! Es ist das, was wir »anagogische Akte« [= mystische Vollzüge] nennen, in denen das Herz heftig entbrennt. (138)

Mystische Vollzüge sind jene Erfahrungen, die uns Gottes Nähe spüren lassen. Wahre Kontemplation kann erst in einem Schweigen beginnen, das ganz liebeerfüllt ist. Und da Liebe ein tiefes Wissen sowohl voraussetzt wie bringt, werden hier dem Herzen spontane und geheime Erkenntnisse eingeflößt. Und was für das Geheimnis der Liebe gilt, ist erst recht für das Gottesgeheimnis notwendig: Man soll – das betonen auch andere kontemplationsübende Religionen – nicht über die Erfahrungen reden (es sei denn zum berufenen geistlichen Führer). Johannes warnt nicht anders als ein alter indischer oder chinesischer Weiser:

Jedesmal wird das erfahrene Geheimnis erheblich herabgemindert und entwertet, wenn man seine Früchte anderen mitteilt. Denn dann erhält man als Lohn die Frucht vergänglichen Ruhms. (139)

133

Ebenso:

Verschweige, was Gott dir vielleicht sagt, und denk an das Wort der Braut: »Mein Geheimnis ist mein« (Vulg Jes 24,16). (152)

Der Skeptiker könnte hier fragen, wieso denn dann eine Teresa von Ávila und ein Johannes vom Kreuz überhaupt schreiben konnten, wenn auch Johannes, im Gegensatz zu Teresa, seine Erfahrungen nur sehr verhüllt, indirekt und sublimiert aussprechen wollte und konnte. Die Antwort hängt mit den erwähnten »Früchten« zusammen: Für die meisten, denen sie geschenkt werden, bedeuten sie zunächst ein großes Glück, sodann eine Besserung mancher Fehler und schließlich eine liebevolle und uneigennützige Hinwendung zu den Mitmenschen, und zwar in vollkommenster Weise ohne Ansehen der Person. Beide Mystiker, Teresa wie Johannes, möchten ihren Mitmenschen den Zugang zu diesen haltbaren Seligkeiten eröffnen. Um nicht selbst in den Mittelpunkt zu rücken, sagt Teresa nicht mehr »ich«, wenn sie von wesentlichen mystischen Erfahrungen berichtete, sondern »ich kenne eine Person«. Ihre Nonnen mögen dann gelächelt haben. Und Johannes legt das verschlüsselte Geheimnis seiner Gedichte in langen Prosaerläuterungen aus, die doch das Geheimnis nur umkreisen. Seine Liebe zum Schweigen macht aus ihm auch im Alltag einen Freund nur notwendiger Worte:

Sprich wenig und misch dich nicht ein, wenn man dich nicht gefragt hat. (140)

Es geht, das sei noch einmal hervorgehoben, nicht um Tun oder Nichttun, sondern um die innere Haltung sowohl zu Gott wie zum Mitmenschen. Zum einen um das Nichtherausfallen aus der Gottverbindung, zum anderen um die Achtung vor der Persönlichkeit des Mitmenschen, der seine Angelegenheiten nach eigenem Ermessen regeln möchte. Ungefragte Einmischung wäre nicht Hilfe, sondern aufdringliche Egozentrik. Das gilt auch für Meinungen und für

Äußerungen des Ärgers, die uns selber schaden und andere verletzen. Selbst die Rede muss noch etwas vom heilsamen Schweigen wahren:

Widersprich nicht. Sag auf keinen Fall unlautere Worte. (149)

Und dann Juans Mahnung, die jeder heute beherzigen sollte, weil sie »unsägliche« Verwicklungen und Schwierigkeiten vermeidet. Gerade im Medienzeitalter und für Menschen des öffentlichen Lebens ist diese Vorsicht von höchstem Wert:

Das Gesagte sei so, dass es niemanden kränkt. Und sprich nur das aus, was dich nicht reut, wenn alle es wissen. (150)

BINDUNG UND FREIHEIT

So wie mit dem Schweigen innerer Fortschritt verbunden ist, der mehr bedeutet als Worte, erwächst aus dem Nichts-Besitzenwollen eine zunehmende Freiheit. Lastend Schweres wird ungeahnt leicht. Die Verwandlung geschieht durch Umwertungen der Erfahrung. So zeigt sich zunächst alles Begehren, wie viel Erfüllung es auch verheißen mag, als solches psychisch negativ in seiner Auswirkung:

Fünf Schäden verursacht eine jegliche Begierde in der Seele: Erstens wird sie beunruhigt, zweitens wird sie getrübt, drittens wird sie beschmutzt, viertens wird sie geschwächt, fünftens wird sie verdunkelt. (112)

Das kann aber erst derjenige erkennen, der bereits etwas von der göttlichen Andersheit erfuhr. Und natürlich weiß Johannes auch, dass ein praktisches Leben nicht frei sein kann von Begehren und Dinglichkeit, auch nicht im Kloster. Darum dann der den Ratlosen beschwichtigende Rat:

135

Man soll die Seelenkräfte und Sinne nicht gänzlich mit den Dingen beschäftigen, sondern nur so viel, wie unerlässlich ist. Das übrige bleibe frei für Gott. (116)

Es geht in dieser Werthierarchie primär nicht um Tugendhaftigkeit, nicht um Ausrottung böser Strebungen und dergleichen, auch nicht um geistig-geistlichen Besitz, sondern um Freiheit. Freiheit vom Ego und seinen beengenden Wünschen:

Vom Äußeren gelöst, vom Inneren nicht besessen, frei von Habgier nach göttlichen Dingen, hält dich kein Vorteil auf und kann dich kein Nachteil behindern. (124)

Man beachte, dass Juan hier von der Habgier gerade nach »göttlichen Dingen« befreien will, sie scheint ihm viel gefährlicher als der Wunsch nach Materiellem. Zum einen vielleicht, weil er als Seelsorger oft geholt wurde, wenn sich in Klöstern ungute »mystische Phänomene«, verbunden mit Hochmut, Eitelkeit oder primitivem Aberglauben breitmachten. Es war ja eine Zeit kritiklosen Sektierertums gerade auf komtemplativem Gebiet. Allzu leicht wähnte man sich »erleuchtet« – einmal ganz davon abgesehen, dass eine Erleuchtung, die von einem Überlegenheitsgefühl begleitet wird, keine christliche Kategorie ist. Juan fürchtete die geistliche Habsucht mehr als alles Streben nach Geld und Gut. Auch heute, da die alte christliche Kontemplation vergessen ist und psychotechnische Methoden dem Durchschnittszeitgenossen Übermenschliches versprechen, ist die Gefahr der Überheblichkeit groß. Auch für den praktizierenden Christen, der auf Gottesnähe und Wahrheitsbesitz pocht. Die Pharisäer waren geistliche Menschen.

Die gegen dieses alles von Juan empfohlene Freiheit ist auch im weltlichen Alltag in ihrer ganzen Nützlichkeit erkennbar: weder auf Vor- noch Nachteile zu blicken macht erfreulich unabhängig und darum effektiv im Tun. Auch fehlt hier die Enge von Einzelbewertungen. Der Vorzug der inneren Ausrichtung gibt Juans Ratschlägen jenes »Fluidum von Modernität und Zukunft«, von dem *Ruiz Salvador OCD*, einer der großen spanischen »Sanjuanísticos« sprach.

Nun gibt es aber neben solchen Ratschlägen, die wir gern befolgen, auch die schon erwähnten »gepfefferten«, die uns, wie auch einst seinen Zeitgenossen, den Zugang zu ihm erschweren. Sie sind dem Johannes meist besonders wichtig, das folgende Zitat so sehr, dass er es in seinen Werken mehrfach variierend wiederholt. Man kann es also nicht ignorieren. Mir selbst hat es lange den Zugang zu ihm verschüttet, denn ich bin keine heldische Natur, und ich kenne viele, denen es ähnlich erging. Es blieb dann »zur Rettung« nur noch der täuschende Hinweis auf das besondere Klosterleben und das Mitleid mit den armen Ordensleuten. Heute dagegen meine ich, dass es sich um eine besonders sublime Form des Freiwerdens handelt, nicht aber um ethische Muskelprotzerei! Juan will, dass wir »natürliche Leidenschaften«, wie er es nennt, also scheinbar ganz selbstverständliche Abhängigkeiten, überwinden. Zunächst klingt es befremdlich, wenn diese Leidenschaften »Freude, Trauer, Furcht und Hoffnung« genannt werden. Trauerarbeit muss doch geleistet werden, Furcht kann schützen und jedenfalls Freude und Hoffnung möchten und sollen wir nicht missen. Gehört nicht Freude zu den Gaben des Heiligen Geistes, Hoffnung zu den theologalen[32] Tugenden des christlichen Wegs?

Genaueres Hinsehen jedoch zeigt Unterschiede beim Gebrauch dieser Worte. Erstens kommt es darauf an, was uns Freude bereitet und was wir erhoffen, und zweitens macht es einen Unterschied, ob wir »daran kleben« oder frei und recht damit umzugehen wissen. Darum nun der Rat in seinem ausführlichen Eifer:

Um die vier natürlichen Leidenschaften zu überwinden, nämlich Freude, Trauer, Furcht und Hoffnung, bediene dich des Folgenden:

Versuche immer das Schwerere dem Leichteren vorzuziehen, das Unschmackhafte dem Schmackhaften, das Unangenehmere dem Angenehmeren. Wünsche nicht Ruhe, sondern größte Mühe, nicht Trost, sondern das, was nicht tröstet. Suche nicht das Mehr, sondern das

137

Weniger, nicht das Höchste und Kostbarste, sondern das Niederste und Geringste. Deine Haltung sei nicht das Wollen, sondern das Nichts-Wollen, suche bei den Dingen nicht das Beste, sondern das Unbedeu-tendste, und füge dich um Jesu Christi willen in Armut und Leere und Nacktheit, so sehr es in dieser Welt möglich ist. (162)

Man muss diese »gepfefferten Häppchen« einfach einmal probieren. Rein theoretisch hätte man bei einem Sich-auf-sie-Einlassen ein ständig schlechtes Gewissen, das ist ebenso wie mit der Bergpredigt: Wir fühlen uns überfordert. Man sieht hier auch wieder, dass Juan seine Ratschläge vom Beispiel Jesu bezieht. Kann aber das schöpfe-rische und lebenschaffende WORT des Johannesevangeliums so negativ sein, dass es uns den Atem zum Leben nimmt? Die erprobte Praxis spricht für Jesus Christus und für Johannes vom Kreuz: Die frei getroffene Wahl des jeweils Geringeren bewahrt uns vor der Versklavung durch Ehrgeiz und Geltungssucht, die Wahl des Schwereren vor Lebensfurcht, die Wahl des Wenigeren vor Verlust-angst. Also handelt es sich nicht wie beim Fuchs mit den sauren Trauben um ein Umwerten negativer Erfahrung post festum, was immer etwas Unwahres mit sich bringt, sondern um den Durch-bruch zu größerer Freiheit. Im weltlichen Leben beherrscht uns dann nicht die Hoffnung auf den höheren Posten, nicht die rück-sichtslose Freude über jeden Triumph – stattdessen wird uns ein ruhiges Wirken und Arbeiten zuteil, das ausgesprochen zufrieden macht. So die Praxis auf schlichter Alltagsebene. Von höherer Warte aber und auf Klosterebene meinen die freiwilligen Verzichte die möglichst ehrliche Nachfolge Christi in jener »Leere und Nackt-heit«, die Voraussetzung ist für die Aufnahme all der unvorstellba-ren Verheißungen Gottes. Das ist aber nicht als ein »Do-ut-des-Prin-zip« zu verstehen, ein Geschäft letztlich. Die Basis ist eine bedin-gunslose Gottesliebe, die, wie schon gesagt, frei von geistlicher Habsucht ist. Gott möchte um seiner selbst willen geliebt werden. Und wie alle menschliche Liebe sucht gerade diese dann auch die größtmögliche Angleichung an den Geliebten, wie er in Jesus Christus offenbar wurde. Je mehr sich die Liebe hingibt, um so erfüllender wird sie. Und sie erfordert Mut. Darum sagt Johannes vom Kreuz:

Die Liebe besteht nicht aus großen Gefühlen, sondern aus großem Sichausliefern (Nacktheit) und Leiden um des Geliebten willen. (114)

Nur Liebe kann den Spuren Christi folgen, und sie wird Gottes Gegenliebe herbeirufen, weil sie in allem Handeln, Denken und Fühlen von seiner Realität ausgeht. Juan sagt das in einem drastisch einfachen Vergleich:

Häufig gekämmtes Haar erglänzt in Reinheit, und man hat keine Mühe, sich zu kämmen, wann immer man will. Und die Seele, die häufig ihre Gedanken, Worte und Werke – also ihre »Haare« – einer Prüfung unterzieht und zu allem von ihrer Gottesliebe bewegt wird, bekommt ganz leuchtendes Haar. (...) Das Haar kämmt man von oben nach unten, wenn es vor Sauberkeit glänzen soll. So müssen wir alle unsere Werke auf dem Gipfel der Gottesliebe beginnen, wenn du willst, dass sie hell und rein seien. (104)

Besser als alles Bemühen vertreibt die Gottesliebe die Furcht. So berichtete einer der frühen Biographen, *Jerónimo de San José*[33], was Johannes vom Kreuz auf der »vertikalen« Ebene einem Mönch sagte, den Höllenfurcht quälte:

Sehen Sie, Pater, Sie dürfen nicht aufgeben. Wenn Gott Sie für die Hölle vorgesehen hat, müssen Sie zweifellos dorthin. Aber ich gebe Ihnen ein wirksames Heilmittel: Stellen Sie sich gut mit Gott, indem Sie ihn rein und innig lieben. Wenn Sie sich so an ihm festhalten, werden Sie den Herrn bei sich haben, wohin auch immer er Sie sendet. Und wenn Sie Gott haben, was wollen Sie noch? Denn selbst in der Hölle werden Sie mit ihm selig sein. Was ich hiermit sagen will, ist Folgendes: Wenn Sie allein nach der Liebe und dem Dienst Gottes trachten, wenn Sie nichts anderes tun, dann brauchen Sie keine Hölle zu fürchten. Denn Gott verdammt den nicht, der ihm getreulich dient bis in den Tod. (205)

Die Liebe zu Gott ist zugleich Gottes Liebe, wie Juan in der *Lebendigen Flamme* ausführlich dargelegt hat. Nichts anderes ist auch die Liebe zum Nächsten, zum Mitmenschen. Da Liebe eine Richtung hat, eine »Strebung«, wird sie philosophisch und theologisch auch als »Wille« bezeichnet. Juans Hauptforderung also, das Einswerden mit Gottes »Willen«, meint im Blick auf das »Tun« nicht einfach rationalistisch die Erfüllung der zehn Gebote. Diese Erfüllung wird als selbstverständlich vorausgesetzt, wenn man Gott liebt. Die Gottesliebe selbst aber, diese eigentliche Erfüllung des nach oben offenen Menschseins, erfordert einen Läuterungsweg, dessen Vollendung sich in verschieden Symbolen ausdrücken kann. Oft in Bildern der hochentwickelten Sufimystik, wie es deutlich wird am Beispiel des einsamen Vogels. Juan bringt es dreimal in seinem Werk. Leider ging der Traktat, den er zu dem ihn so faszinierenden Thema schrieb, verloren. Die hier zusammengefassten Merkmale sind in seinen erhaltenen Texten fünf:

Erstens, dass er die höchste Höhe aufsucht; zweitens, dass er keine Begleitung duldet, und sei es auch von seiner eigenen Art ; drittens, dass er den Schnabel in den Wind hält; viertens, dass er keine bestimmte Farbe hat; fünftens, dass er lieblich singt[34]. (120)

Johannes vom Kreuz hat diese Allegorie bis ins Detail vor allem von dem persischen Dichter und Mystiker *Suhrawardi* (gest. 1191)[35] übernommen. Man rätselt bis heute, woher er die Kenntnis hatte, denn man weiß von keiner Übersetzung ins Lateinische oder Spanische. Dafür taucht heute der Text bei einem modernen Schriftsteller, *Juan Goytisolo*, mit seiner ganzen Faszination wieder auf. Goytisolo, der sein Buch vom *Einsamen Vogel*, nur dem Kenner deutlich, mit Zitaten aus den Werken des Johannes vom Kreuz durchzieht, gibt den Text mit kleinen eigenen Modifikationen so wieder, wie er ihn bei Suhrawardi bzw. den diesen zitierenden Büchern der Islamisten[36] fand:»Er erhebt sich zum Flug und bleibt doch unbeweglich, er reist ohne ein Zurücklegen von Entfernungen, er kommt näher und durchläuft doch keinerlei Raum. Alle Farben gehen von ihm aus, aber er ist farblos. Er nistet im Osten, aber er verlässt nicht sein Nest im Okzident, seinem Zauber entspringen die Wissenschaften und die vollkommensten Musikinstrumente seinem Echo und Nachhall. Seine Nahrung ist Feuer, und wer immer sich eine Feder seiner Flügel an die rechte Seite bindet, bleibt vom Feuer unbeschädigt. Seinem Atem entströmt der natürliche Hauch des Zephyrs, weshalb ihm der Liebende die Geheimnisse seines Herzens offenbart und seine tiefsten, verborgensten Gedanken.«[37] Das Motiv des Seelenvogels ist in fast allen Religionen bekannt. Im Islam ist er als mythischer Vogel *Simurgh*, der auf dem weltumspannenden Berge Qaf lebt, ein Gottessymbol. Der Perser *Attar Farid-al-din* schrieb in der zweiten Hälfte des zwölften Jahrhunderts das an den Koran, an Avicenna und Gazzali anschließende Epos *Vogelgespräche*, in dem die mystische, also läuternde Reise von 30 Vögeln beschrieben wird, die am Ende der mühseligen, langen und gefahrvollen Unternehmung entdecken, dass sie selbst der gesuchte göttliche Vogel sind[38]. Goytisolo verwendet dieses Epos in seinem erwähnten Buch mit den zu erwartenden Vorzeichen persönlicher Sinngebung und unter Heranziehung der Gedichte und Läuterungsleiden Juans de la Cruz. Es ist wohltuend, bei diesem großen modernen Schriftsteller keine platten Deutungsversuche der Dichtungen des Johannes zu finden. Im Gegenteil vergleicht er die zahllosen Erklärungsversuche des berühmten Nachtgedichts dem Bemühen, »den leichten Wind in einem Netz zu fangen« und »das ungreifbare Fließen, den Wechsel des Träumens zum Stillstand zu bringen«. Und Goytisolo fragt:»Ist es nicht besser, sich ganz in die Unendlichkeit des Gedichtes zu versenken, das Undurchdringliche seiner Mysterien und Opazitäten zu akzeptieren? Die Vielheit und Gleichzeitigkeit seiner Sinngebungen zuzulassen?[39]

141

Der einsame Vogel des Islam besitzt auch eine Verwandtschaft mit dem Vogel *Phönix*. Für Johannes vom Kreuz ist er der ins Göttliche gewandelte Mensch, in dessen mystischer Ganzheit wie in Gott keine Eigenschaften mehr auszumachen sind und der nun zum ewigen Lobpreis Gottes in Liebe lieblich singt.

3

Richtlinien für wahre Freiheit

Zum Text der Cautelas in mehrfacher Sicht

Johannes vom Kreuz gibt in seinen *Cautelas* Richtlinien für Ordensleute gegen die drei Feinde der Vervollkommnung: die Welt, den Teufel und »das Fleisch«, wobei mit letzterem das ganze Ego gemeint ist. Wir, insbesondere wir »Laien« von heute, mögen zunächst amüsiert oder gelangweilt auf diese Liste sehen, die ziemlich stockfleckig scheint. Aber Vorsicht, denn vielleicht birgt unsere »überlegene« Modernität ein falsches Verständnis dieser Worte, insbesondere was »Teufel« und »Fleisch« betrifft.

Beide Begriffe treffen sich traditionell im Motiv der »Versuchung«. Die Furcht vor der Versuchung wird von der modernen Psychologie in Frage gestellt, zumindest, soweit es sich um »normale« Antriebe und Triebbefriedigungen handelt. Anders aber die Haltung bei Grenzüberschreitungen, bei Maßlosigkeit und Verselbständigung der »Triebe«. Hier ist sich die Psychologie mit der biblischen Theologie einig: dagegen muss etwas getan werden. Darum musste die Psychoanalyse auch fragen, was denn »Fleisch« und »Welt« anzielen, die geheime Motivation aufdecken. Damit aber gelangte sie zu Sichtweisen, die auch die christliche Askese im Blick hatte, wenn sie Maßnahmen gegen Maßlosigkeit empfahl. »Askese«, zu deutsch »Übung«, meinte nicht Selbstquälerei, sondern Training. Ein Training für die Gewinnung von Selbstbeherrschung gegen jede Art von Sucht, die man früher »Konkupiszenz« nannte. Das alte Rezept hieß: Wachen, Beten, Almosengeben. Heute sagen wir: mehr

Bewegung, Konsumverzicht. Und in neueren psychologischen Behandlungsmethoden auch: Schlafentzug.

Vielleicht stehen also die alte und neue Sichtweise nicht so hart gegeneinander, wie es dem unreflektierten Blick scheinen mag. Jedenfall kam auch der »theologische Psychologe« *Albert Görres*, dessen Überlegungen über das »Böse« mir richtungweisend scheinen, zu dem dieses bestätigenden Schluss: »Alle psychischen Vorgänge, die im Christentum vorkommen, sind auch außerhalb des Christentums in ihren naturalen Grundelementen zu finden. Sie können darum weitgehend mit einer Alltagspsychologie verstanden, aber auch in etwa mit psychologischen Methoden beschrieben werden. (...) Die Grundworte des Christentums sind keine Fachausdrücke, sondern Grundworte aller Menschen[40].«

Auch Johannes vom Kreuz will in seinen »Richtlinien« (wie überhaupt) nicht die menschliche Anlage bekämpfen, betont er doch in seinem Werk auch mehrfach die Harmlosigkeit, ja, Gottgewolltheit der Sinne, sofern der Geist des Menschen sie nicht missbraucht. In den *Richtlinien* geht es um Schadensvorbeugung, könnte man doch *cautela* auch als Warnung oder »Vorsichtsmaßnahme« übersetzen. Johannes leitet seine Weisungen ein mit einem wertenden Überblick über die drei Gefahren:

Die Seele, die (...) sich von allen kreatürlichen Verstrickungen dieser Welt befreien, vor der List des Teufels schützen und vor sich selber retten will, muss sich an die folgenden Ausführungen praktisch halten. Sie wird das tun im Wissen, dass aller Schaden, der ihr zuteil werden kann, von den drei Feinden herrührt: Von der Welt, vom Teufel und vom Fleische. (1)

Im Weiteren sagt dann Johannes, die *Welt* sei der am wenigsten schwierige Feind. Der *Teufel* ist schwerer zu erkennen, am meisten aber schaden wir uns mit dem *Fleisch*, dem eingefleischten »alten Adam«. Leider aber hängen die drei Feinde so eng zusammen, dass man sie alle drei besiegen muss – ein einzelner wird von den beiden anderen immer wieder »gerettet«.

Und nun, nach der symbolträchtigen Dreiheit, folgen bei Johannes je drei Richtlinien für den Sieg über alle drei Feinde[41]. Zunächst gegen die Welt, den einfachsten Feind:

DER MENSCH UND SEINE DINGE

Die Texte werden jetzt in der Verkürzung wiedergegeben, die für alle Menschen gültige Ratschläge enthält. Dabei ist jedoch das Vorbild Jesu Christi festzuhalten, anders verflacht der Sinn der Vervollkommnung zu banalen psychologischen Tricks. Gleich der Beginn könnte uns sowohl empören wie nachdenklich machen. Der übliche »Pfeffer« des Johannes vom Kreuz[42] zum Thema Welt:

Die erste Richtlinie besagt, dass du für alle Personen gleiche Liebe und gleiche Gelassenheit haben mögest, seien es nun Verwandte oder nicht. Wahre dein Herz sogar gegenüber nahen Angehörigen noch etwas mehr. Betrachte sie wie andere auch, du handelst dann besser an ihnen, als wenn du ihnen die Zuwendung gibst, die du Gott schuldest. (5)

Johannes sieht die Gefahren der »Welt« also zunächst in den mitmenschlichen Beziehungen. Vor allem fordert er für ein gelingendes Klosterleben – und wir könnten hier umformulieren: Erwachsenenleben – die Ablösung von den nahen Verwandten[43]. Nicht im Sinne einer Lieblosigkeit, sondern zwecks notwendiger Befreiung von kindlichen Verhaftungen. Die gottähnliche Rolle, die ohne diese Lösung z.B. einem Elternteil zugeschrieben werden kann, gehört heute in die Neurosenlehre. Johannes will starke, »gelassene« Persönlichkeiten, die liebesfähig sind, aber nicht in inneren Zwängen stecken. Gelassenheit bedeutet nicht Gleichgültigkeit, sondern eine ruhige und dennoch flexible Freiheit. Johannes sieht zudem, dass man dem Vater oder der Mutter keinen Gefallen tut, wenn man ihr oder ihm gottgleiche Funktionen zuschiebt.

Sodann geht es um die Nächstenliebe überhaupt. Nach dem

Vorbild Christi stehen uns die am nächsten, die am vollkommensten Gottes Willen tun. Denn das ist auch für unsere menschliche Entwicklung besser als alle eigennützigen Partikularitäten:

Liebe nicht eine Person mehr als die andere, du wirst sonst in die Irre gehen. Denn nur der hat größere Liebe verdient, den Gott mehr liebt. Du aber weißt nicht, wen Gott lieber hat. Wahrst du jedoch allen gegenüber die gleiche Gelassenheit, so wie es der heiligen Kontemplation entspricht, bewahrst du dich vor dem Fehler, sie unterschiedlich zu schätzen. Denk nicht über sie nach, rede mit ihnen weder über Gutes noch über Böses. (...)

Wir sollen also die Bewertung von Menschen Gott überlassen. Besonders die Einstufungen nach gut und böse, denn sie übersteigen unser Erkenntnisvermögen. Begann doch der Sündenfall im Paradies mit dieser Gottgleichheit beanspruchenden Unterscheidung! In der Beurteilung letzter Dinge sind wir fehlbar. Darum warnt Johannes:

Wenn du für dich aber irgendeine Sonderstellung beanspruchen willst, so narrt dich auf die eine oder andere Weise der Teufel oder du dich selbst mit deinen Schattierungen von Gut und Böse. (6)

Die zweite Richtlinie für den Umgang mit der Welt befasst sich mit dem materiellen Besitz. Nicht gegen die Dinge ist hier die Warnung gerichtet, sondern gegen die Maßlosigkeiten des Besitzenwollens. Es geht nicht nur um Schadensbegrenzung, sondern um wirkliche Schadens- und Schädigungsfreiheit. Darum ist es besser, das Herz an nichts Materielles zu hängen, anders wird der ganze Mensch von kleinlichen Sorgen umstrickt und erstickt:

Die zweite Richtlinie gegen die Welt bezieht sich auf die irdischen (zeitlichen) Güter. Wenn die Seele sich wirklich von ihren Mängeln freimachen und das Übermaß an Begehrlichkeiten mindern will, muss sie jeder Art von Besitz abhold sein, und du darfst ihr keine sorgenden Überlegungen gestatten: weder hinsichtlich des Essens noch der Klei-

dung noch anderer materieller Dinge, auch nicht wegen des morgigen Tages. Du musst solche Sorgen auf Höheres richten, wie nämlich das Reich Gottes zu suchen sei, das heißt also, wie Gott nicht zu verfehlen ist. Alles Übrige wird uns, wie seine Majestät [Christus] sagt, hinzugegeben. Denn der sich um die Tiere kümmert, wird auch dich nicht vergessen. (7)

Mit den Tieren ist wohl das Matthäuszitat von den »Vögeln des Himmels« gemeint: »sie säen nicht, sie ernten nicht und sammeln keine Vorräte in Scheunen; euer himmlischer Vater ernährt sie« (Mt 6, 26). Im Folgenden ist dann auch bei Matthäus die unnötige Sorge um das Alltägliche, wie Essen und Kleidung, erwähnt. Nun könnten wir im Widerspruch dazu auf das ganze Elend dieser Welt verweisen. Oder hat etwa Matthäus Recht mit seiner Erklärung: »Euch aber muss es zuerst um sein Reich und um seine Gerechtigkeit gehen; dann wird euch alles andere hinzugegeben« (Mt 6,33)? Ist das vielleicht Pharisäerhochmut? Nein, es ist, wie bei Juan de la Cruz, Erfahrungswissen. Wie tief hatte es ihn beeindruckt, dass immer, wenn er als Prior eines Klosters mit Geld und Lebensmitteln am Ende war, ganz unerwartete und reichliche Hilfe eintraf! Er musste sich selbst wie ein »Vogel des Himmels« vorkommen« – frei, fähig sich zu Gott zu erheben, aller Witterungsunbill ausgesetzt und doch fröhlich in seinem Zwitschern und Schmettern.

Diese zweite Richtlinie macht noch einmal ganz klar: Nicht das Irdische ist schlecht. Es wird nicht einmal verlangt, man solle allem Besitz entsagen – nur »abhold sein« und »haben, als hätte man nicht«, wie Paulus sagte[44]. Dabei ist zu bedenken, dass er dieses nicht von Klosterinsassen, sondern von der jungen Christengemeinde verlangte, von der er mehr noch forderte als Juan de la Cruz von den Seinen. Juan geht es ja um Reduzierung des Begehrens auf ein vernünftiges Maß, er ist Realist, nicht Chefideologe. Hatte er doch schon in den autographischen »Dichos« gesagt, *die Dinge werden dir dienen, wenn du sie und dich selbst vergißt*[45]. Johannes bleibt behutsam, denn er will den inneren Frieden.

148

Im Grunde haben auch wir »Laien« dafür ein Gespür, denn sind wir nicht unangenehm berührt, wenn ein Mensch dauernd von seinem Haus, seinem Auto, seinem Essen redet? Wir finden das irgendwie menschenunwürdig, auch inmitten der Welt. Von den Dingen kommt Juan dann auf die Mitmenschen, diesmal als Gemeinschaft. Hier: die Klostergemeinschaft, was sich jedoch übertragen lässt. Das Gesagte könnte auch für einen Betrieb, eine Schule, ein Krankenhaus, ein Theater gelten:

Die dritte Richtlinie ist sehr wichtig, damit du dich im Kloster vor jedem Schaden hütest, den dir die Mitbrüder zugefügen könnten. (...) Nämlich: du musst an das, was in der Gemeinschaft vorgeht, keine Gedanken und erst recht keine Worte verschwenden, was auch immer es sei. Und ebensowenig an einen bestimmten Mönch, sein Herkommen, seinen Umgang, seine Angelegenheiten, wie schwerwiegend etwas davon auch scheinen mag. (8)

Es wäre also gut, sich fernzuhalten von den Reibungen, vom Klatsch und den Privatangelegenheiten der Kollegen. Anders wird man in nervtötende und die Arbeit behindernde Verhältnisse hineingezogen. Auch soll man widrigen Umständen, die unverständlich sind, keine Beachtung schenken.

Denn wenn du mit der Beachtung einmal beginnst, werden dir, selbst wenn du unter Engeln lebtest, manche Dinge als nicht gut erscheinen, weil du ihre Ursache nicht kennst. Nimm Lots Frau als Beispiel (Gen 19,26), die sich über die Vernichtung der Sodomiter so erregte, dass sie den Kopf wandte und zurücksah. Wofür sie der Herr strafte, indem er sie in eine Salzsäule verwandelte. So musst du verstehen, dass, selbst wenn du unter Teufeln lebtest, Gott wünscht, du mögest dies so tun, dass du deine Gedanken nicht zu ihnen hinwendest (...). (8)

Die innere Ausrichtung sei Gott zugewandt, auf das, was in seiner Bedeutung umfassender ist als das Wissen um mitmenschliche Engel und Teufel. Auch sei man den Teufeln nicht gar zu feindlich gesinnt. Gott benutzt sie ja für seine fördernden Prüfungsaufgaben, die uns zu jener Reife und Ruhe bringen, die wir selber wünschen, auch jenseits des christlichen Glaubens. Vielleicht klingt hier etwas an von der heute viel zitieren und häufig missverstandenen »Integration des Bösen«. Das ist etwas anderes als seine Bejahung:

Nimm darum an, dass es in den Klöstern und Gemeinschaften immer Steine des Anstoßes gibt, denn es fehlt nie an Teufeln, die die Heiligen zu Fall bringen wollen. Und Gott lässt das zu, um diese zu prüfen und im Rechten zu üben. (...) Und denk an das, was der Apostel Jakobus sagte: Wer meint, er diene Gott, aber seine Zunge nicht im Zaum hält, dessen Gottesdienst ist wertlos (Jak 1,26). Das gilt gleichermaßen für die inneren Worte wie für die geäußerte Sprache. (9)

Errege ich mich zu sehr über andere, so geht auch mein Mundwerk mit mir durch und muss ich später manches Gesagte bereuen und zurücknehmen. Mehr noch empfiehlt Johannes: Auch meine Gedanken muss ich freihalten von den meine Kompetenz übersteigenden Misslichkeiten. Mein inneres »Speichervermögen«ist begrenzt, und überflüssig-negative Inhalte verdrängen das Bessere. Und auch aufgedrängte Hilfe bringt Spannungen, unnötigen Verschleiß dieses kostbaren Erdenlebens. Zudem ist dabei an das Gleichnis Jesu vom Unkraut zu denken, mit dem man nicht versehentlich auch den Weizen ausreißen soll[46] – weshalb man es besser stehen lässt. Es gibt ja auch ein Vertrauen in die Macht des Guten.

DAS RECHTE WERTEN

Der Teufel, so sagt Johannes, ist für uns schwer zu erkennen. Das gilt ebenso für den praktizierenden »Welt-Christen[47]«, der das Böse meidet, wo er es sieht, wie für die Nonne oder den Mönch:

Anderen Richtlinien muss der folgen, der sich in seinem Streben nach
Vollkommenheit von seinem zweiten Feind, dem Teufel, befreien will.
Dazu muss man wissen, dass der Teufel unter seinen vielen Ränken
gegen die Ordensleute es vorzieht, sie auf der Ebene des Guten und nicht
des Bösen zu Fall zu bringen. Denn er weiß, dass sie sich zum erkennbar
Bösen kaum bereit finden würden. Und so musst du bei dem, was dir
als gut erscheint, immer Acht geben. (...).(10)

Die Gefahr liegt im selbstgewählten Guten, das sich als Irrtum
erweisen könnte. Nicht umsonst hat der einst paradiesische Baum
der Erkenntnis seine verhängnisvolle Ambivalenz. Johannes empfiehlt dann für das Kloster, zur Sicherheit den Rahmen des »Gehorsams« nicht zu überschreiten. Das Wort »Gehorsam« kommt von
Hören – im ursprünglichen Sinne: das Wort Gottes hören und ihm
gehorchen. Die alttestamentarische Gesetzeshierarchie gibt das Vorbild. Daraus folgen die Schöpfungsordnung, die sittliche Ordnung,
die kirchliche, klösterliche, gesellschaftliche, familiäre Ordnung.
Johannes geht vom Ideal- oder Normalfall eines Ordensoberen aus,
nämlich dass dieser sich als Träger eines göttlichen Auftrags versteht
und folglich nichts Gottwidriges anordnet. Juans Ungehorsamsprob-
lematik ist also nicht die unsere, die fragt: Wann darf, ja, muss man
einem bösen Amtsträger widerstreben? Zweifellos gibt es dazu ja
eine Pflicht. Die Problematik des Johannes vom Kreuz dagegen geht
aus von einem selbstgewählten Herausfallen aus der rechten, vom
Vorgesetzten vertretenen Wertehierarchie, was böse Folgen haben
kann.

Deine erste Richtlinie sei, dass du dich nie außerhalb deiner üblichen
Pflichten zu Dingen bewegen lässt, die der Gehorsam dir nicht befiehlt,
so gut und dem Geiste der Liebe entsprechend sie dir auch für dich selbst
oder für jemanden innerhalb oder außerhalb des Hauses erscheinen
mögen. (...) Wenn du das aber im Großen und Kleinen nicht beachtest,
wird dich, so sehr du auch meinst, das Rechte zu tun, im Großen oder
Kleinen der Teufel narren. Auch wenn du dann nur nicht in allem den

Gehorsam befolgst, ist doch die (Teil)-Verfehlung schon schuldhaft.
Denn Gott will lieber Gehorsam als Opfer[48]. *(...).(11)*

Der Ordensmann und die Ordensfrau haben bei ihrer Profess Armut, Keuschheit und Gehorsam – die evangelischen Räte – gelobt. Offensichtlich interessiert Johannes vor allem der Gehorsam – die Tugend, die seiner Ordensmutter Teresa von Ávila nach ihrem eigenen Zeugnis am schwersten fiel. Nun könnten wir ja sagen, wir seien doch keine Ordensleute und schuldeten keinen »Gehorsam«, überhaupt sei dieses Wort eines Erwachsenen nicht würdig! Doch so einfach liegen die Verhältnisse nicht. Gehorsam wem? wäre zu fragen, und natürlich auch warum. Für den Christen ist da die kirchliche und die staatliche Obrigkeit. Es wäre gut, wenn die kirchlichen Amtsträger sich als Gott Verpflichtete verstehen und wenn auch das Kirchenvolk weiß, dass nicht immer die *vox populi* auch *vox Dei* ist. Was die staatliche Obrigkeit betrifft, so gilt im Grunde die Verwaltung und Erhaltung der Schöpfungsordnung im Sinne des Gemeinwohls als eigentlicher Auftrag. Wenn man für Gehorsam die dem Gemeinwohl dienende Aufgabe setzt, kann man noch weiter gehen. Hier ist unser Berufsleben aufgerufen, im Betrieb, in der Werkstatt, Schule, Forschung, im Hausfrauen- wie im Künstlerleben. Auch ein so moderner Autor wie *Ortega y Gasset* äußert sich zum Gehorsam: »Gehorsam heißt nicht, dass man eine Herrschaft duldet – Dulden ist Erniedrigung –, sondern dass man sie bejaht und ihr folgt, weil man sich eins mit ihr fühlt, weil man sich freudig zu ihrer Fahne stellt«[49]. Johannes geht nur von menschen- und gotteswürdigen Aufgaben aus. Weiche ich von ihnen eigenwillig ab, so kann damit ein Scheitern programmiert sein.

Das gilt auch im ganz schlichten Alltag, und hier geht es oft um das Problem des »Gutmeinens«, das dem »Teufel« wunderbare Ansätze bietet. Ich könnte als Hausfrau z.B. den Auftrag haben, für die Familie das Essen pünktlich auf den Tisch zu bringen. Nun ruft aber eine problembeladene Freundin an, der ich doch zuhören »muss«. Die hungrige und zeitgestresste Familie hat den Schaden, meine »Gutmütigkeit« war nicht gut. Oder der Schaden rührt umgekehrt vom zu strengen »Überich«, von bestimmten traditionellen Verhaltensmustern, von denen wir nicht mehr abweichen können, so unsinnig sie auch in bestimmten Situationen sein mögen. Der schon zitierte *Albert Görres* illustriert das mit einem Knigge-Witz: Ein Lord, der auf dem Meer über Bord gefallen war, wird von einem Hai angegriffen. Als er sein Messer zur Gegenwehr zückt, sagt der Hai vorwurfsvoll: Fisch mit Messer, Sir?– Der Lord lässt sein Messer fallen und wird ein Opfer des Fisches[50]. Der Teufel hat gewonnen. In der göttlichen Weltordnung hätte der Mensch die Aufgabe gehabt, sein Leben zu verteidigen.

Mit dieser Geschichte vom Überich wird ein anderes Reizwort traditioneller christlicher Ethik nahe gebracht: Vollkommenheit. Wir sind dafür heute zu wissend und resigniert. Niemand ist vollkommen, sagen wir, und können sogar auf Jesus Christus hinweisen, der nicht für gut gehalten werden wollte, denn dem Gebrauch des Evangeliums entsprechend verstand er unter gut »vollkommen«, was er für Gott reserviert wissen wollte[51]. An vielen Stellen der Evangelien aber wird deutlich, dass in ihnen unangenehmerweise schon das Mittelmäßige als das Böse gilt. Thomas von Aquin hat das in aller Schärfe formuliert: »Wie unter dem Wort › gut‹ das Vollkommene verstanden wird, so unter dem Wort › böse‹ nichts anderes denn der Verlust des Vollkommenseins«[52]. Gottes »Gutheit« kann nur Vollkommenheit bedeuten. Darum in der alten Mystik die ganz selbstverständliche Forderung, dass der Mensch, der ein liebendes Einswerden mit Gott zum Lebensziel hat, sich um Vollkommenheit bemühe. Um sie zu erreichen, bedarf es freilich der Gnade.

Wir sagen heute oft scherzhaft: »Das Gegenteil von gut ist gutgemeint«. Es trifft den von Johannes vom Kreuz dargelegten Sachverhalt. Noch ein alltägliches Beispiel: Wer einem kranken Freund »hilft« und ihm die selbsterprobten Tabletten zu schlucken gibt, kann grossen Schaden stiften. Der Teufel liebt solche falschen Selbstsicherheiten »im Guten«.

Und noch ein Wort zur Mittelmäßigkeit: Sobald wir denken und tun, was alle denken und tun, handeln wir uns nicht Sicherheit ein, sondern die Gefahr von Irrtum und Schaden. In diesem unreflektiert »Demokratischen« verbirgt sich oft ein modernes »Urmisstrauen« in die einst selbstverständliche, heute am allabendlichen Fernseher aber unglaubwürdig werdende Güte Gottes. Die »Theodizee« ist wohl wieder das größte und schwerste theologische Thema. Für Juan de la Cruz heißt die Problemlösung »Nachfolge Christi«. Er zeigt nicht auf den göttlichen Sündenbock, sondern auf das göttliche Opferlamm.

Die Nachfolge Christi ist in den »Richtlinien« eine alltägliche und schließt alle mitmenschlichen Verhältnisse ein: Den unangenehmen Vorgesetzten (Oberen) wie die lästigen und aufdringlichen Mitarbeiter (Ordensbrüder und -schwestern). Das Verhältnis zum Vorgesetzten fällt mit seinen Gefahren bei Juan unter »Teufel« (die höhere Instanz), das zu den Mitarbeitern mehr noch unter das am schwersten zu ertragende »Fleisch« (mit dem Ich auf gleicher Ebene).

Die aus der Tradition kommende Empfehlung, auf den Vorgesetzten wie auf Gott zu schauen, muss uns zunächst absurd erscheinen. Doch vielleicht kann Johannes selbst diese Sichtweise so erläutern und klären, dass sie auch für unseren Berufsstress eine vernünftige Bedeutung bekommt:

Die zweite Richtlinie sei, dass du auf den Vorgesetzten, wie auch immer er sei, nicht anders schaust als auf Gott, denn er wurde dir an seine Stelle gesetzt. Und sei darauf gefasst, dass gerade hier der Teufel gern eingreift. Den Vorgesetzten so zu sehen, bedeutet großen Gewinn und Fortschritt, und anders sind Verlust und Schaden erheblich. So wache mit großer Aufmerksamkeit darüber, dass du dich weder um sein Wesen noch um seine Art oder Absicht und sonstige Vorgehensweisen kümmerst. Denn damit schadest du dir sehr, weil du den göttlichen Gehorsam in einen menschlichen verwandelst und dich motiviert oder unmotiviert fühlst durch das, was du von dem sichtbaren Vorgesetzten wahr-

nimmst und nicht vom unsichtbaren Gott, dem du in ihm dienst. Dann wird dein Gehorsam um so vergeblicher und fruchtloser, je mehr er dir durch das unangenehme oder angenehme Wesen des Vorgesetzten schwer oder leicht gemacht wird. (12)

Was hier vom Ordensoberen oder auch kirchlichen Würdenträger gesagt ist, verdient Beherzigung: Das Amt des Oberen, nicht seine Persönlichkeit begründet seine Sendung und seinen Auftrag. Natürlich ist es besser, wenn die Begabung diesen Aufgaben entspricht. Dafür gibt es nicht zuletzt die Hoffnung auf das Wirken des Heiligen Geistes. Aber so wie der Vorgesetzte als solcher seine Würde nicht seiner Person verdankt, darf auch der Untergebene sich nicht irritieren lassen von ihren spezifischen Eigenschaften. Kirchenordnung, Weltordnung, Schöpfungsordnung (nicht einfach die ichbezogene »Umwelt«!), Gesellschaftsordnung sind wichtiger als das Subjekt des Auftragsträgers. Im überpersönlichen Blick auf den Vorgesetzten geht es also keineswegs darum, ihn zu »vergöttern« oder sich kritiklos zu »unterwerfen«. Es geht vielmehr um Ausschaltung des Personalen und Individuellen zum Nutzen der gemeinsamen Aufgabe, in der dem Vorgesetzten die größere Verantwortung übertragen ist. Und für mich selbst als Untergebenen oder Angestellten geht es um die innere Haltung, mit der ich meine Arbeit tue[53]. Ein Abteilungsleiter, der auf passiv schaltet, weil er den Chef nicht mag, eine Verkäuferin, die nur missmutig die Kunden bedient, weil sie den Abteilungsleiter nicht leiden kann, schaden sich selbst und ihrem Arbeitsplatz. Die persönliche Haltung könnte bis zu psychosomatischen Erkrankungen führen. In einem universitären Fachbereichsrat etwa häuft sich das Unwohlsein der Mitglieder, weil man sich angewöhnt hat, ständig auf das arrogante und uneinfühlsame Wesen des Vorsitzenden zu starren. Hier rät Johannes, im Vorgesetzten doch nur die Funktion zu sehen, eben Chef und damit eine Symbolfigur für die Aufgabe zu sein (so lange er ihr einigermaßen gerecht wird). Damit werden die lästigen Eigenschaften schachmatt gesetzt. Gegen die persönliche, berechtigte oder unberechtigte Antipathie aber kann man lernen, sich mit einer religiösen Verankerung zu wappnen, die befreit:

Ich kann dir nämlich sagen, dass diese Betrachtungsweise viele Ordensleute in der Vollkommenheit beeinträchtigt hat, so dass ihr Gehorsam, weil sie sich selbst darüberstellten, nur wenig wert war in den Augen Gottes. Wenn du dich nicht strikt daran hältst, so dass es dir von deinem persönlichen Gefühl her gleichgültig wird, ob nun der eine oder der andere dein Vorgesetzter ist, wirst du weder ein geistlicher Mensch sein noch deine Gelübde richtig halten können. (12).

Nun aber zum vielleicht noch schwierigeren Problem des Umgangs mit den Mitmenschen oder Mitarbeitern. Zur Überwindung des Teufels empfiehlt Johannes eine Haltung, die gewiss schwer, aber nicht unmöglich zu erreichen ist. Er will ja keine bequemen Anweisungen geben, die nutzlos wären. Er empfiehlt also die schwere Arbeit eines ehrlichen Wohlwollens gegenüber Konkurrenten:

Die dritte direkt gegen den Teufel gerichtete Richtlinie verlangt, dass du dich stets um Demut bemühst in Werken und Worten, indem du dich über das Gute der anderen freust wie über dein eigenes und wünschst, dass man sie dir in allem vorziehe. Und das aus ehrlichem Herzen. (...) Versuche dich darin an jenen zu üben, die du am wenigsten magst. (13)

Das ist nicht so entmutigend altruistisch, wie es klingt. Sich über das Gute anderer zu freuen, macht frei und zufrieden. Wünscht man sogar, dass sie vorgezogen werden, so könnte das mit dem Sieg über das enge Ego den Freiraum und damit die innere Fröhlichkeit erweitern. Man vervielfacht sich ja identifizierend in seinen Möglichkeiten. Und man entschärft praktisch sogar die unsympathischen Zeitgenossen. Das fordert freilich eine schon heiligmäßige Selbstüberwindung und ist vielleicht auch nicht für jede berufliche Situation passend. Johannes sagt ja nicht, man solle alles tun, damit ein anderer den Posten oder Rang erhält, für den man selber gut wäre. Es geht hier auch um ein bisschen Vertrauen in den Heiligen Geist, der ja bekanntlich weht, wo er will, also auch einmal im weltlichen Bereich (oder einmal nicht in der Kirche). Vor allem aber entscheidet wieder die innere Haltung, immer kommt es auf unsere existentielle Verwandlung an. Also wird man nicht nach Beförderung gieren, damit man im Innern nicht beschädigt wird, was sowohl beim Bekommen wie beim Nichtbekommen die Gefahr wäre. Weder eitle Genugtuung noch heimlicher Neid und Groll sind gut für meine »Seele«. Und das gilt nicht nur für das Karrieredenken. Schlimmer noch ist die tägliche Reibung mit den Mitarbeitern. Hier kommt Johannes nun mit den Richtlinien gegen das Fleisch, d.h. unseren egozentrischen alten Adam.

STILLHALTEN UND DURCHHALTEN

Obwohl das »Fleisch« der am schwersten zu bekämpfende Feind ist, widmet Juan ihm in seinen vorbeugenden Richtlinien den geringsten Raum. Vielleicht, weil manches schon unter »Welt« und »Teufel« abgehandelt wurde, vielleicht auch, weil hier alles Wesentliche schnell gesagt, aber nur schwer und mit großer Beharrlichkeit getan ist. Man könnte im folgenden Text »Kloster« auch durch »Betrieb«, »Partei«, »Verein« und andere Gemeinschaften unseres öffentlichen und Berufslebens ersetzen:

Deine erste Richtlinie sei, dass du nicht ins Kloster gegangen wärest, wenn du nicht wünschtest, dass alle dich bearbeiten und zurechtschleifen wollen. Darum also, um dich frei zu machen von all den Verstimmungen und Unvollkommenheiten, die sich aus den Eigenarten und der Umgangsweise der Brüder ergeben könnten, und um an allen Vorkommnissen zu wachsen, musst du dir vorstellen, sie alle seien im Kloster mit dem Auftrag, dich zu formen, wie es ja auch der Wahrheit entspricht. Und es ist das Amt einiger, dich mit Worten zu bearbeiten, anderer mit

157

Taten, der dritten mit ihren gegen dich gerichteten Gedanken. Diesem
allen musst du dich unterwerfen, so wie die Statue bald dem unterworfen
ist, der sie meißelt, bald dem, der sie bemalt, bald dem, der sie vergoldet.
(15)

Diese Empfehlung scheint uns Heutigen, auf Unabhängigkeit und
Würde Bedachten, besonders unannehmbar. Man muss hier jedoch
sehen, dass Johannes das Stillhalten gegenüber »meckernden« und
unfreundlichen Mitarbeitern empfiehlt, weil der sich so Verhaltende
als Individuum wie ein Kunstwerk geformt wird, um zu einem
unverkrampften und freien – auch von schädigenden persönlichen
Eitelkeiten freien – Menschsein zu gelangen. Zudem wird er still-
haltend von unnötigen Verwicklungen in Gruppenkämpfe und Intrigen verschont, die kostbare Zeit und Kraft rauben. Wer sich so
guten Mutes »schleifen« lässt, wird von zwischenmenschlichen
Spannungen (auch »Mobbing«) zunehmend unabhängiger. Zugleich wird seine Gottes- oder Wertbindung verstärkt, denn die
innere Elastizität macht frei für Besseres.

Aus der Sicht des Johannes vom Kreuz nähert das »Bemalen«
und »Vergolden« den Betroffenen einer Heiligenfigur an, sofern er
den Lernprozess des »Schleifens« erträgt. Die Wiederherstellung der
»Gottebenbildlichkeit« im traditionell-biblischen Sinne geht also in
eine zwischenmenschlich operierende Psychologie über. Dabei
weicht im so Bearbeiteten die empfindliche Kränkbarkeit einem
wohlerworbenen In-sich-Ruhen, das haltbarer ist als bloße »Cool-
ness«. Johannes sucht eine Immunisierung durch das »Sich-Verber-
gen in das eigene Nichts« und »Wirken aus der Mitte«, wie es in
den Maximen für die Schwestern heißt[54]. Dahinter steht die Haltung
Jesu und seiner Worte aus der Bergpredigt[55], man solle bösen Menschen nicht »widerstehen« und beim Geschlagenwerden auch die
andere Wange hinhalten: Schwer verständliche Worte, wenn wir
nicht sehen, dass es hier darum geht, die Folge endloser Aug-um-
Auge-, Zahn-um-Zahnkämpfe zu durchbrechen.

Sodann berührt Johannes im obigen Text das Verhältnis zur

Arbeit selbst. Und ich meine, dass das hier Gesagte auch für jede Berufstätigkeit zutrifft. Denn wer nur nach dem fragt, was er gern tut, wird schon in der Ausbildung scheitern. Liegt nicht hierin, und weniger in der Prüfungsangst, die Problematik des »ewigen Studenten«?

Die zweite Richtlinie besagt, dass du niemals Werke unterlassen sollst aus Mangel an Lust und Laune, wenn doch der Dienst an Gott sie fordert. Allerdings sollst du auch nichts einfach tun, weil es dir Freude macht. Du musst vielmehr die angenehmen und erfreulichen Arbeiten in der gleichen Gesinnung durchführen wie die unangenehmen. (16)

Diese Forderung lässt sich auf weltlicher Ebene bestätigen an der Arbeitsweise erfolgreicher Unternehmer, Politiker und Künstler. Nur disziplinierte Beständigkeit führt zu hochgesteckten oder für das Gemeinwohl wichtigen Zielen. Welcher Musiker hat schon immer »Lust«, das bereits vor zwei Jahren angegebene Programm zu spielen? Welcher Minister muss nicht gerade das Unangenehme erledigen? Welcher Professor ist immer glücklich über seine im Lehrplan notwendigen Vorlesungen? Andererseits würden diese Genannten alle aus Erfahrung sagen: Die Freude stellt sich beim Arbeiten ein. Beim Durchhhalten: »L'appétit vient en mangeant«! Dagegen hätte auch Johannes vom Kreuz nichts einzuwenden.

Das folgende Zitat setzt diese Gedanken fort, nun aber mit Bezug auf das Bemühen um geistlichen Fortschritt, Meditationsübungen etwa, Gebetsstunden, Bibellektüre, Arbeit in Selbsthilfegruppen:

Die dritte Richtlinie muss sein, dass der geistliche Mensch niemals sein Augenmerk auf die Übungen lenke, die ihm gefallen, um sich an sie zu klammern und sie nur wegen ihrer Annehmlichkeit auszuführen. Er darf auch nicht vor ihrem Bitteren fliehen, eher muss er das Unangenehme und Mühevolle an ihnen suchen und umarmen. Dadurch wird seine Sinnlichkeit gezügelt. Denn anders wirst du nicht deine Eigenliebe verlieren und kannst nicht die Liebe Gottes gewinnen. (17)

Die dritte Richtlinie ist eng an die zweite gebunden. Aber sie behandelt nun nicht die aufgetragene Arbeit, sondern die freiwillige Übung. Sie gilt für die großen, innere Transformation anstrebenden geistig-geistlichen Einübungen aller Religionen. Aber auch der alltägliche Dienst, treu geleistet, bewirkt Verwandlung des Tätigen. Vom weltlichen Sektor aus gesehen: Ein heutiger Student, Azubi oder der seinen Bildungsurlaub Wahrnehmende käme kaum auf den Gedanken, dass er »die Liebe Gottes gewinnen« möchte, wie es früher auch für den christlichen Laien das wesentliche Ziel war. Doch schreibt nicht Gott »auch auf krummen Linien gerade«? Ist er nicht der zuerst Liebende[56]? Johannes warnt immer wieder davor, über unsere Mitmenschen im Blick auf »letzte Dinge« den Stab zu brechen. Wir kennen Gottes Urteile nicht, wissen aber um seine Liebe und Barmherzigkeit.

4
Gegen den Ärger im »Büro«

Probleme des Klosters ins Weltliche
übertragen

Ort, Datum und Empfänger dieser im Ton sehr persönlich gehaltenen *Ratschläge* sind unbekannt. Hier soll an einem ausgewählten Teil der Neuübersetzung versucht werden, das fürs Kloster Gemeinte in seiner Fruchtbarkeit auch für den normalen menschlichen Alltag zu zeigen. Einfach, weil die psychologischen Voraussetzungen die gleichen sind: Die Notwendigkeit, voranzukommen und sich in mitmenschlichen Spannungen zu behaupten, ohne dabei dem Ehrgeiz zu verfallen und die Lebensfreude einzubüßen.

Johannes vom Kreuz war nicht nur ein großer Dichter, sondern auch ein großer Seelenführer, zu dem die Menschen – auch Weltleute – aus ganz Spanien kamen. Heute würde man ihn wohl einen berühmten Psychotherapeuten nennen, denn er hatte die Gabe, innere Vorgänge bei sich und anderen zu erkennen und die rechten Worte für das Erkannte zu finden. Er ist mit dieser Gabe seiner Zeit weit voraus[57]. Wir Heutigen sind dabei, ein falsches Bild vom düsteren Johannes vom Kreuz abzuhängen und das wahre alte vom Staube der Jahrhunderte zu befreien. Was dabei herauskommt, ist ein höchst lebendiger, ja, munterer Mensch, der einem unbekannten Mönch, der ihn um Rat bat, in aller Offenheit und doch recht zugespitzt schrieb:

*Euer Lieb[58] erbaten von mir in wenigen Worten viel, was eine Menge
Zeit und Papier erfordert hätte. Da es mir an diesem allen fehlt, werde
ich versuchen, mich kurz zu fassen und nur einige Punkte oder Ratschläge hervorzuheben, die letztlich viel enthalten und dem zur Vollkommenheit verhelfen werden, der sich vollkommen daran hält.*

Und so kommt der spanische Mystiker denn gleich zur Sache: Der
Fragende müsse vier innere Haltungen erwerben: Gelassenheit,
Selbstüberwindung, Tugendeinübung, äußere und innere Einsam-
keit.

*Um das erste, die Gelassenheit zu wahren, muß man im Kloster leben,
als gebe es darin niemanden sonst. Niemals auch mische man sich,
weder mit Worten noch in Gedanken, in die Angelegenheiten der Gemeinschaft oder einzelner Personen. Man sollte weder ihrem Guten noch
ihrem Bösen noch ihrer Wesensart Beachtung schenken. Zur Wahrung
der Seelenruhe weder etwas bemerken noch sich einmischen wollen, und
gehe auch die Welt unter.*

Das mag zunächst unseren Vorstellungen von einem Christenmen-
schen widersprechen, den wir uns lieber als unermüdlichen Sama-
riter als so gleichmütig denken. Und nicht einmal Gut und Böse soll
man beachten! Empfiehlt der heilige Johannes vom Kreuz hier gar
ein »Jenseits von Gut und Böse«? In gewissem Sinne schon, das gibt
es bei ihm öfter. Denn er ist zutiefst davon überzeugt, dass wir oft
gar nicht fähig sind, Gut und Böse bei unseren Mitmenschen zu
beurteilen und daher dieses Urteil lieber Gott überlassen sollen.
Konzentration auf die Arbeit hieße die gestellte Aufgabe. Zum Beispiel keine Übergriffe in das Arbeitsfeld der Kollegen im Büro, kein
Interesse am Buroklatsch, weder »Helfersyndrom« noch »Ellenbo-
gen«. Damit ist der Kern dieser befremdlichen Ausführungen schon
berührt: Wir sind nicht die Herren der Schöpfung. Wir sind höchst
begrenzte Wesen, die ihre Kräfte und Möglichkeiten auf die gestell-
ten Aufgaben verwenden sollen.

Lassen sich auch die weiteren Klosteranweisungen in unseren modernen Alltag übersetzen? Um beim »Büro« zu bleiben: Wie halten wir es mit den Kollegen, die ihrerseits uns gegenüber das tun, was wir bewusst vermeiden: sich einmischen, klatschen, Zu- und Abneigung manifestieren. Dieser Ärger, sagt Johannes vom Kreuz, ist es eben, was wir zur »Selbstüberwindung« brauchen! Frei zu werden von unserer ängstlichen Enge ist ja auch für die heutige psychologische Menschenbetrachtung eine wesentliche Forderung. Wer an sich selber klebt, hat weder viel Lebensfreude noch wird er ein nützliches Glied der Gemeinschaft. Und erst recht für Gott fehlt es ihm an Offenheit, ob er das nun weiß oder nicht. Unser Berufsleben sollte aber nicht nur dem »Brötchenerwerb« dienen, sondern uns auch menschlich weiterbringen, sofern wir im Leben Sinn finden wollen. Johannes nun empfiehlt zum Erlangen der notwendigen Selbstüberwindung ein gelassenes Hinnehmen der Kollegen, wie sie nun einmal sind. (Wir setzen hier Kollegen für Klosterinsassen, Büro für Kloster):

Um die Selbstüberwindung ins Werk zu setzen und daran zu wachsen, müssen Sie Ihrem Herzen tief die folgende Wahrheit einprägen: Sie sind für nichts anderes ins Kloster gekommen, als dass man Sie bearbeite und übe in Tauglichkeit. Und Sie gleichen dabei dem Stein, den man bearbeitet und glättet, ehe er in das Gebäude eingefügt wird. Das ist so zu verstehen, als seien alle Klosterinsassen nichts anderes als »Handwerker«, die Gott dort einsetzte, einzig um Sie zu bearbeiten und zu glätten zum Zwecke der Selbstüberwindung. Und die einen werden Sie mit Worten bearbeiten, indem sie sagen, was Sie nicht hören wollen. Andere durch ihr Tun, indem sie Ihnen zumuten, was Ihnen unerträglich ist. Weitere mit ihrer Wesensart, da sie als solche Ihnen lästig und in der Weise ihres Vorgehens ein Ärgernis sind. Andere wieder durch ihre Gedanken, da Sie bei sich denken, dass Sie sie weder schätzen noch lieben.

Der so realistische Mystagoge begründet, warum wir solchen Schliff brauchen:

Dieser zweite Ratschlag ist absolut notwendig, wenn der Mönch seine Berufung erfüllen und zu wahrer Demut, innerem Frieden und Freude im Heiligen Geiste gelangen soll.

Setzen wir jetzt z.b.»Sachbearbeiter« für Mönch, so werden wir meinen, die Parallele höre hier auf, denn was sollte der mit Demut, mit Frieden und Freude im Heiligen Geiste? Nun, man könnte darauf antworten, dass diese Pfingstgaben immer willkommen sind, man möge ihren göttlichen Ursprung nun anerkennen oder nicht. Zum Glück weht der Heilige Geist ja, wo er will. Und aus christlicher Sicht gibt es Frieden und Freude ohnehin nur, wenn unsere innere Verfassung sich seinem »Wehen« nicht verschließt. Was aber machen wir mit der Demut?

Zunächst einmal sollten wir uns bemühen, dieses ungeliebte und unverstandene Wort neu zu begreifen. Denn »Demut« (humildad) ist ein Schlüsselwort der spanischen Mystik. Der Franziskaner *Osuna*, Vorläufer der Teresa wie des Johannes, so dass man nach spanischer Auffassung auch von einem Mystik-Dreigestirn sprechen könnte, vergleicht sie der Basis jeden Gebäudes, dem Salz an den Speisen, dem Tor zum religiösen Leben, dem ersten Schritte Christi in die Welt. Warum? Es ist mit der Demut, sagt Osuna, wie mit der Kontemplation: »Sie treibt uns die Icherfülltheit aus, damit Gott Raum habe in unseren Herzen.« Sie hat nichts mit Enge und Kleinmut zu tun. Im Gegenteil, sie ist die Schwester der Hochherzigkeit, beide sind die Flügel, mit denen die Seele zu Gott auffliegt, so sagt der Franziskaner. Und er bringt »humildad« (humilitas) etymologisch richtig und eindrucksvoll mit Humus in Verbindung: Sie bewirkt solche Fruchtbarkeit, dass der früchtebeladene Baum sich »demütig« der Erde zuneigt[59]. Allerdings darf man sich nicht selbst für demütig halten: dann wird man hochmütig.

Teresa von Avila sieht den Demütigen »wandeln in Wahrheit«[60], denn er weiß um die Relation zu seinem Schöpfer, die zugleich seine Würde begründet. Johannes vom Kreuz erläutert schon in seinem ersten Prosawerk, dem *Aufstieg zum Berge Karmel* die Demut so: »Wer nichts begehrt, wird weder nach oben getrieben noch nach unten gedrückt, denn er befindet sich im Zentrum seiner Demut« (1S 13,13). Später dann in den Aphorismen: »Demütig ist, wer sich verbirgt ins eigene Nichts und sich Gott zu überlassen weiß« (173).

Gott und Demut gehören zusammen, wie der Heilige in seiner *Lebendigen Flamme der Liebe* darlegt: »Als die Demut selbst liebt Gott dich mit höchster Gutheit und Wertschätzung, indem er dich mit sich gleichstellt, da er dich fröhlich auf allen Wegen der Selbstmitteilung sein gnadenvolles Antlitz schauen lässt und dir in deinem Geeintsein nicht ohne deinen großen Jubel sagt: › Ich bin dein und gehöre dir, und ich bin gern der, der ich bin, um dein zu sein und mich dir zu schenken!‹« (LB III,6)[61].

Aus solchen atemberaubenden, schwindelnden Höhen kommt also für Johannes vom Kreuz die Eigenschaft der Demut. Und so wesentlich ist sie für jede gute menschliche Entwicklung. Weshalb Johannes in seinen Ratschlägen fortfährt:

Unterwirft er sich dem nicht, weiß er weder, was es bedeutet Mönch zu sein, noch weshalb er sich für das Ordensleben entschied. Er ist nicht fähig Christus zu suchen, denn er sucht nur sich selbst. So kann er keinen Frieden für seine Seele finden, er wird weiter sündigen und oft deprimiert sein.

In der weiteren Begründung zeigt sich wieder die Freude des großen Spaniers an handfesten Realismen: Gott braucht den Teufel, um den Menschen zu läutern und voranbringen zu können:

Denn nie wird es in einem Kloster an Gelegenheiten [zur Sünde] fehlen, noch will Gott sie missen. Denn weil er die Seelen dort hinbringt, damit sie sich reinigen und läutern wie Gold durch Feuer und Hammer[62],

dürfen Versuchungen und Prüfungen durch Menschen und Teufel nicht
fehlen, läuternde Feuer der Ängste und Trostlosigkeiten.

Auch in den *Cautelas*, den vorbeugenden Richtlinien, die Johannes
bei anderer Gelegenheit allgemein für ein christliches Ordensleben
gab, ersetzen die Mitarbeiter (Klosterbrüder) den Teufel, indem sie
den zu Läuternden bearbeiten. Er wird abgeschliffen, bemalt und
vergoldet wie eine Heiligenfigur. Der Antrieb kommt vom »nicht
zu missenden« Teufel, zum Ziel aber führt Gott selbst in seiner
Eigenschaft als schöpferischer Künstler. In der *Lebendigen Flamme*
der Liebe mahnt Johannes sogar die geistlichen Führer, Gott nicht
ins Handwerk zu pfuschen, wenn er das Menschenbild restauriert.
Das geschieht in der Kontemplation: Der Gottliebende wird in all-
mählichen Verwandlungen dem Bilde seines Schöpfers angegli-
chen[63]. Das sind aber tiefer greifende Prozesse als die der menschlichen Reibungen, sei es nun im Kloster oder »im Büro«. Johannes
fordert nicht einmal, dass wir die Mitabeiter lieben, nur ertragen
sollen wir sie, entsprechend dem Aphorismus: *Sanftmütig ist, wer*
sich selbst und den Nächsten ertragen kann (174). Ganz der modernen
Psychologie entsprechend sieht Johannes hier als Voraussetzung
des Ertragens die Selbstannahme. Auch wird man im Berufsalltag
mit der angetanen Unbill besser fertig, wenn man nicht uneinsichtig
grollt und schmollt, sondern sie als Gelegenheit zur Reifung betrachtet. Wir neigen heute dazu, Gott ständig Vorwürfe zu machen.
Er scheint an allem schuld, an den großen Katastrophen wie am
kleinen Ungemach. Wenn aber etwas gut geht, schreiben wir es
unserer eigenen Tüchtigkeit zu. Das ist entschieden eine Schieflage.
Und niemand käme auf die Idee, Gott Vorwürfe zu machen wegen
Wohlergehens, obwohl die herben Prüfungen nützlicher sein könnten. Darum sagt Johannes zu diesem Thema abschließend:

In diesen Dingen muss der Mönch sich üben und sich bemühen, sie in
Geduld und Annahme des göttlichen Willens zu tragen. Nicht aber sollte
man so reagieren, dass man, statt Gottes Prüfung zu bestehen, sie ihm

167

zum Vorwurf macht, weil man das Kreuz Christi nicht in Geduld tragen will. Weil viele Mönche nicht wissen, dass sie hierfür kamen, ertragen sie die anderen schlecht. Sie werden am Tage des Gerichts beschämt ihren Selbstbetrug erkennen.

Selbstbetrug ist immer ungünstig, im Kloster wie im weltlichen Alltag. Denn ob nun Berufung oder Beruf – immer geht es doch um zeitliche, also vorübergehende Übel, aus deren Bewältigung ein freieres und glücklicheres Sein gewonnen werden soll. Die Erfahrungen des Johannes vom Kreuz, die er in seinen Aphorismen und Ratschlägen vermitteln möchte, sind allgemein menschlicher Art und darum auch übertragbar[64]. Es muss nur jeder in seiner jeweils speziellen Situation die grundlegenden inneren Verhältnisse erkennen. Dann wird Johannes vom Kreuz zu einer großartigen Hilfe, über den »Ärger im Büro« hinauszuwachsen[65].

5
Wollen und Können

Zu den Briefen

ZUM BRIEF AN EINEN GEISTLICHEN SOHN

Johannes schreibt diesen Brief aus Segovia, also zwischen 1588 und 1591. Er ist in Segovia stark mit praktischen Dingen beschäftigt, vor allem als »Bauherr« und Bauarbeiter in einer Person. Das hindert ihn nicht, von besonders starken mystischen Erfahrungen heimgesucht zu werden, für die es Zeugen gibt. Er ist intensiv der Erfahrung der Gotteinung, der Unio mystica hingegeben, und er hat zu seinem geschriebenen Werk, besonders den ersten Büchern, bereits eine Distanz, die ihm erlaubt, das dort Gesagte zusammenzufassen und brieflich weiterzugeben.

Das geschieht in dem langen Schreiben an den »geistlichen Sohn« (*a un religioso dirigido suyo*), wohl einen Karmeliten in einem der Klöster, denen Johannes vorstand. Der Brief bringt fast wörtlich den Text, der einigen Editionen des *Aufstiegs zum Berge Karmel* als III, Kapitel 46/47 angefügt ist. Er passt in den Zusammenhang des sehr kurzen 17. Kapitels im dritten Buch, das vom Grundsätzlichen der Läuterung des Willens handelt.

Paradoxie des Menschseins
Es geht in dem Brief um die rechte Ausrichtung des »Willens« als eine der drei Fähigkeiten, – Verstand, Gedächtnis, Wille – , die nach dem Verständnis der Zeit und vor allem im Anschluß an Augustinus

170

den geistigen Menschen ausmachen. Den Hintergrund der Darlegungen des Johannes bildet sein Wissen um die Paradoxie des Menschseins, wie sie aus heutiger Sicht *Albert Görres* dargelegt hat: »Die paradoxe Verfassung des Menschen, der mit dem Verstand, wenn es gut geht, noch Gott als das höchste Gut, und das sittliche Gute als den höchsten Wert erkennen, aber die Erkenntnis nicht mehr mit dem Herzen, dem Gemüt und allen Kräften fassen kann, dieser Mangel an Gespür für das eigentlich Liebenswerte in Welt und Gott macht ihn anfällig für Ersatzobjekte jeder Art. Die Lebensformel heißt: Zeitvertreib mit Ersatzobjekten, denen eben das Engagement, die seelische Energie oder auch Libido zugewandt wird, die nur den das Wohl und Heil des Menschen hier und jetzt wirklich fördernden Werten zustehen. Die Herzenszuwendung des Menschen verliert ihre Bündelung und Ausrichtung. Sie zerfällt in Zerstreuung auf ein Vielerlei von Ersatzobjekten, die schon ein Anfang von Unrecht ist, weil ihr die Einheit und Einordnung im letzten Sinn und Ziel der Freundschaft und des Gottesdienstes fehlt«[66].

Das Zitat zeigt: Was Johannes brieflich in scholastischer (in der Übersetzung schon gemilderter) Manier aussagt, ist also durchaus up-to-date. Der Wille, so erläutert er, schwankt, modern ausgedrückt, zwischen Selbstverwöhnung und Verlustangst, und der auf Gott hingeordnete Mensch muss lernen, seine falsche, gottwidrige Ausrichtung zu ändern. Er muss sich fragen, ob es Mittel »zur Befreiung von Angst und klebriger Selbstsucht gibt, die einen Freiraum schaffen, in dem die Liebe zum Guten gedeiht«[67]. Johannes spricht nicht vom Guten, sondern von Gott, der selbst noch in seiner Gutheit die menschliche Fassungskraft, das heißt, Verstand, Willen und Gedächtnis übersteigt.

Diese drei Vermögen sind in einem weiteren Sinne zu verstehen, als es unserem heutigen alltäglichen Sprachgebrauch entspricht: Der menschliche Verstand ist über die schlussfolgernde Denkfähigkeit hinaus das unanschauliche Vermögen zur Sinn- und Werterkennung. Der Wille ist die Fähigkeit zur Wertbejahung, die sich als Liebe und Vereinigungsstreben äußert. Das Gedächtnis nimmt sinnliche, gefühlshafte und geistige Eindrücke auf, die es als Assoziation und Vorstellung reproduziert.

Johannes zeigt im *Aufstieg zum Berge Karmel* zum ersten Male systematisch, wie sich diese drei Vermögen in den Läuterungen der »Nächte« verwandeln müssen, damit der Mensch gottfähig wird und seine eigentliche Bestimmung erfüllen kann. Besonders deutlich muss das ein kontemplativer Mönch vorleben, dem schon von Berufs wegen die Gotteinung Ziel ist. Entsprechend unverblümt äußert sich Johannes in seinem langen Brief.

Es geht hier um den Willen als Katalysator des gnadenvoll umwandelnden Prozesses. Das wahre Wesen des Willens ist Liebe. Aber er muss menschlich auch die notwendigen Trennungen vollziehen. Im *Aufstieg* erläutert Johannes:»Und so, wenn die Seele sich total von allem trennt, was dem göttlichen Willen (der göttlichen Liebe) widersteht und nicht mit ihm übereinstimmt, wird sie durch Liebe in Gott verwandelt« (IIS 5,3). Wahrhaftig ein hochgestecktes Ziel, und entsprechend hoch sind auch die Anforderungen des geistlichen Führers an den geistlichen Sohn, der dieses Ziel bald erreichen möchte.

Überwindung

Johannes bekämpft in seinem Schützling den»apetito«, die Libido, wie Freud sagen würde,»das Hängen, Halten, Kleben«, wie *Görres* es nennt, das wir im Kontakt mit Dingen und Personen für die unaufgebbaren Bedingungen unseres Glücks halten: ein Urphänomen[68]! Und als Urphänomen nicht eben leicht zu ändern. Zumal das Dilemma ja darin besteht, dass Gott als solcher in seinem totalen Anderssein sich jedem menschlichen Zugriff entzieht, einen absoluten Gegensatz zu unserer geschöpflichen Bedingtheit bildet. So dass Wollen und Können auseinander klaffen.

Der Wille, dessen Hauptaufgabe die Wertbejahung oder Liebe ist, muss also die richtigen Werte bejahen und lieben, mit anderen Worten: Gott. Wie aber vermag er das, wenn der Verstand nicht ausreicht, um Gott zu erkennen? Die Antwort des Johannes lautet: Gott selbst überwindet den trennenden Abgrund, weil er Liebe ist

172

und lieben macht. Für den Menschen äußert sich das als »Wirk-kraft« des Willens, der fähig ist, die endlichen Werte loszulassen um sich dem unendlichen Wert Gottes ganz zuzuwenden. Dann liebt er Gott mit Gottes eigener Liebe, das Gleiche gesellt sich zum Gleichen, und so gibt es doch einen Zugang, eine Vereinigung!

Gott überwindet die menschliche Paradoxie, die Diskrepanz von Wollen und Können durch Liebe, durch seine Selbstoffenbarung in Jesus Christus und in der vom Heiligen Geiste, dem Geiste Christi getragenen kontemplativen Erfahrung. Darum hängen Kontempla-tion und Kreuz zusammen. Das »liebende Aufmerken auf Gott« geschieht im Dunkel, in der »Nacktheit«, der Entblößung von allen »ungeordneten Anhänglichkeiten«. Ungeordnet meint: endliche Werte für sich allein genommen. Ist jemand erst durch den lieben-den Verzicht zur Gotteinung gelangt, so findet er in ihm auch die geschöpflichen Werte, deren Urheber Gott ja ist, wieder. Dann werden sie in »geordneter Anhänglichkeit« geliebt. Hält doch Jo-hannes auch Nächstenliebe, wahre Freundschaft und Mit-menschlichkeit überhaupt erst für möglich, wenn »die Seele ihr Herz von solchen (gottfreien) Genüssen abwendet« (IIIS 23,1).

Damit ist aber keine asketische Leistung gemeint, sondern das Sich-Erfüllen-Lassen mit Gottes Liebe, wodurch nicht nur Umkehr, sondern Umwandlung bewirkt wird: die mystische Verwandlung des Willens in Liebe, des Verstandes in Glauben, des Gedächtnisses in Hoffnung. Es ist dabei die Liebe selbst, die läutert, die das Falsche austreibt.

Der Arzt und Mystikforscher *Carl Albrecht* hat nachgewiesen, dass gerade in der christlichen Kontemplation klare Wertsphären erlebt werden. Der tief ins Gebet Versenkte, dessen Erfahrung sich schon jenseits von Worten und Bildern abspielt, der »liebend Auf-merkende«, erlebt das für alle Mystik kennzeichnende Ankommen eines Umfassenden als ein personhaft »Umfassendes«, d.h. ein alles Kennbare Übersteigendes. »In der personhaften Erfahrung bildet es sofort eine höchste Wertsphäre um dieses ankommende DU, dem-gegenüber das ICH mit seiner Welt als Unwert erscheint.« Das

173

»personal Umfassende« kann dann das hingegebene Ich so ergreifen, dass »alle gesonderten Bewusstseinsinhalte (...) zu einem einzigen, alles erfüllenden Bewusstseinsraum« werden[69]. Das ist, in der
Sprache moderner Wissenschaft ausgedrückt, das gleiche, was Johannes seinem geistlichen Sohne erklärt, dessen Wille alles hinter
sich lassen und sich Gott in Liebe zuwenden soll, weil alles »Bestimmte«, sogar das Beglückende einer Gotteserfahrung, nicht Gott
ist. Die »Erwiderung der liebevollen Umarmungen Gottes« besteht
gerade im Verzicht auf jede geistliche Habsucht[70].

Johannes gibt im *Aufstieg* eine ganze Skala von (Un-)Werten an,
an denen der nicht hängen darf, der den Weg der Unio mystica,
dieses Bergansteigen, bewältigen will. Als unterste Stufe nennt er
die »zeitlichen Güter«, womit er Ämter, sozialen Stand, Reichtum
und ähnliches meint. Daran schließen sich die natürlichen (z.b.
Schönheit, Klugheit), sittlichen, übernatürlichen und geistlichen
Güter. Mit »übernatürlich« meint er Weisheit, theologale Tugenden, Wunderwirken, um Beispiele zu nennen. Gott wird hier lächelnd einbezogen: »Das Wunderwirken ist nicht Gottes Art. Er tut
es sozusagen nur, wenn er nicht anders kann« (IIIS 31,9). »Geistlich« sind dann Güter, etwa Bilder, Liturgisches, die zu göttlichen
Dingen anregen und helfen, und zwar, sagt Johannes, sowohl zum
Reden der Seele mit Gott als auch zu Gottes Mitteilungen an die
Seele. Er erregt sich dabei über Madonnenstatuen, die man in »weltliche Modekleidung« steckt, über Prediger, die sich selbst in den
Vordergrund spielen, usw.

Der Leser seinerseits könnte sich darüber erregen, dass sogar
Gottes eigenes Wirken vom Bannstrahl des Johannes getroffen
scheint. Aber gemeint ist nicht das Wirken, sondern die Wirkung
bei einer Fehlhaltung des mit Gnade beschenkten Menschen. Be-
rühmt wurde das Gutachten, das Johannes in Briefform über den
»Geisteszustand« einer weithin schon als heilig bewunderten Karmelitin ausstellte – ebenfalls in Segovia, also auch zur Zeit des
anfangs zitierten Briefes an den geistlichen Sohn. Johannes bemän-
gelt in diesem Gutachten zunächst das geistliche Besitzstreben der

Schwester, ihre unangebrachte Selbstsicherheit und Selbstgefällig-keit. *Dann kommt er zu den beiden letzten Punkten: Viertens und vor allem aber werden in ihrem Innenleben keine Anzei-chen von Demut sichtbar.* Wäre ihre Behauptung von der Echtheit ihrer Begnadungen richtig, so würden sich diese normalerweise der Seele nicht mitteilen, ohne sie zunächst ganz aufgelöst und vernichtet in den Niederungen der Demut zurückzulassen. Wenn sie solche Wirkungen verspürte, hätte sie es nicht unterlassen, in ihrem Bericht auch davon zu schreiben. Denn sie sind so durchschlagend, dass die Seele sich als erstes gedrängt fühlt, dankbar davon zu berichten. Sie lassen sich einfach nicht verheimlichen. Zwar sind nicht alle Gotteserfahrungen von so starker Wirkung, aber diese, von denen die Schwester spricht und die sie Unio mystica nennt, kommen niemals ohne dieses Merkmal vor*[71]*. Fünftens berichtet sie in einer Sprache und in einem Stil, der nicht dem Geist entspricht, auf den sie sich hier beruft. Denn dieser Geist lehrt eine schlichte Redeweise ganz ohne die Künsteleien und Übertrei-bungen, die in ihrer Schreibweise zutage treten. Und alles dieses »Gott sprach zu ihr und sie sprach zu Gott« halte ich für Unsinn.*

Diese für den damaligen Provinzial *Nicolao Doria* geschriebene Be-wertung bestätigt das vom Psychologen *Albrecht* angeführte Merk-mal mystischer Erfahrung: Das begegnende göttliche Du wird als Wert erkannt, der als das »schlechthin Andere« alles übersteigt und auf den alle vergangenen, gegenwärtigen und zukünftigen Erlebnis-gehalte als ihren tragenden Grund bezogen sind[72]. Demut und Schlichtheit beim Erlebenden sind die unausweichlichen Folgen.

Darum kommt dem Willen eine so entscheidende Rolle zu, weil er den höchsten und einzigartigen Wert bejahen und dabei seine wahre Liebeskraft und Bestimmung entfalten kann, die zugleich Bestimmung und Schicksal des Menschen ist. Am Ende verweist der geistliche Führer seinen »Sohn« auf den noch bevorstehenden wich-tigsten Vorgang, der über die »aktive Nacht des Willens« hinaus-geht. Es ist die »passive Nacht«, das Sich-Gott-Überlassen, der nun die Führung übernimmt, der »den Mund füllt«, allen Durst und

Hunger stillt. Der Ordensmann ist verständlicherweise offensichtlich noch beunruhigt vom Fehlen geistlicher Beglückung, und Johannes fürchtet, er könne sie mit seinen »heilsamen Wünschen«
doch noch suchen.

Gelebtes Beispiel

Wie steht es denn um diese Zeit mit Johannes selbst, lebt er vor,
was er so rigoros-liebevoll lehrt? Um seine letzten drei Lebensjahre
zu verstehen, muß noch ein kurzer Blick in die Biographie geworfen
werden.

1581 war von Rom aus der teresianischen Reform eine selbstän-
dige Provinz zugebilligt worden. Johannes, dessen Rektorat in Baeza
ablief, bat um Befreiung von Ämtern, wurde aber vom Provinzial P.
Gracián zum Prior in Granada bestimmt. Außerdem wählte ihn das
Kapitel zum 3. Definitor der Provinzverwaltung. Er hatte also vergeblich versucht, sich von dem zu trennen, was er »zeitliche Güter«
nannte. Als der Versuch misslang, übte er die Ämter engagiert und
verantwortungsvoll aus. Er bewies Talent und Weitblick in praktischen Dingen, wie z.b. durch den Bau eines Aquaeduktes in Granada. Er verstand sein Priorat als einen Dienst, der in größter Demut
auszuüben ist.

Neben den hemmenden »zeitlichen Gütern« hatte er auch Probleme mit den »übernatürlichen und geistlichen«. Gerade in Segovia
wurde er viel von visuellen und auditiven mystischen Phänomenen
heimgesucht, seine Mitbrüder berichteten von häufigen Versunken-
heitszuständen, in denen er von der Außenwelt nichts mehr wahr-
nahm, auch von Levitationen. Johannes spielte alles herunter, verbot
davon zu sprechen. Ihm ging es um anderes. Eine Karmelitin des
benachbarten teresianischen Nonnenklosters in Segovia berichtete
später ihren aus der Begegnung gewonnenen Eindruck: »Er kannte
kein anderes Thema als Gott, und seine Worte trafen und wirkten
so tief, dass sie in den Herzen seiner Hörer das Feuer der Gottesliebe
entzündeten. Seine Seele schien ständig ins Gebet versenkt zu
sein«[73].

ZUM BRIEF AN EINE JUNGE DAME

Der Ruf des Johannes vom Kreuz als Seelenführer zog in Granada
auch ungezählte Weltleute in sein Sprechzimmer und zu seinem
Beichtstuhl. Er wurde der legitime Nachfolger des berühmten »Apostels von Andalusien«, Juan de Ávila, der noch der heiligen Teresa
mit einem Gutachten zu Hilfe gekommen war, als man sie wegen
ihrer in der Autobiographie geschilderten mystischen Erfahrungen
der Häresie und des Teufelsbundes verdächtigte. An Johannes vom
Kreuz schätzte man die liebevolle Unbestechlichkeit, die Feinfüh-
ligkeit und Inspiration des Künstlers, die sich dem Wissen um alle
Höhen und Tiefen spiritueller Erfahrung verband.

Wirken in Granada
So kommt auch die 25 Jahre junge Juana de Pedraza, eine Andalu-
sierin aus Baeza, die nun in Granada lebt, regelmäßig zum Gespräch.
Johannes nennt sie zärtlich »meine Tochter im Herrn«, Herzlichkeit
und Vertrauen verbindet ihn mit dieser jungen Frau. Sie bringt
soviel Neigung für das Geistliche mit, dass sie in späteren Jahren in
ihrem Hause klösterlich leben wird. Zum Seligsprechungsprozess
des Johannes trägt sie 1627, mit nunmehr 63 Jahren, durch Berichte
bei, aus denen Bewunderung und Liebe klingen. Auch besitzt sie
von dem Heiligen aus der Zeit ihrer Besuche ein kleines Porträt, das
ihn kniend zeigt, mit gefalteten Händen, im Hintergrund die Berge
der Sierra Nevada. Sein ovales Angesicht, so schildern Augenzeugen
das Porträt, drückte eine einzigartige Sanftheit aus. Die Nase ein
wenig gebogen, die Brauen klar gezeichnet und geschwungen, der
tiefe, beseelte Blick. Die hohe Stirn verlor sich »in eine verehrungs-
würdige Glatze«[74].
    Zweimal war Juana Zeugin der voraussehenden Gabe ihres geist-
lichen Führers. Das erste Mal bat er sie, nach dem Gespräch noch
bis zu einem bestimmten Zeitpunkt im Kloster zu bleiben, sie sei
sonst auf ihrem Heimweg gefährdet. Tatsächlich brach ein schweres
Gewitter los, wütete über dem Berghang, den Juana bis zur Stadt-

mitte von Granada hinabsteigen musste, und hörte genau zu dem Zeitpunkt auf, den Johannes angegeben hatte. Immer wieder ging die Fürsorge des Beichtvaters weit über das Gespräch hinaus, er kümmerte sich auch um die materielle Situation seiner geistlichen Kinder, gab noch ab von der Armut seines Klosters.

Ein anderes Mal wurde wegen der Versorgung eben dieses Klosters das Gespräch zwischen Juan und Juana dreimal unterbrochen: Man hatte weder Geld noch Lebensmittel, und der zuständige Mönch wollte durchaus einen Bittgang in die Stadt unternehmen, was ihm Johannes dreimal versagte. Der immer wieder unterbrochenen Juana aber gestand er: Er wisse, dass gleich Hilfe kommen werde. Und tatsächlich, als Juana de Pedraza die Pforte verließ, kam ihr eine Frau entgegen, die Dukaten brachte – reichlich genug für alles, was man benötigte.

Persönlich noch beeindruckender war eine Erfahrung, von der sowohl Juana wie auch der am Briefende erwähnte Juan Evangelista berichten: Mehrmals, wenn sie an den Heiligen schrieben, beantwortete dieser schriftlich schon im gleichen Moment ihre Fragen. Frage- und Antwortbrief überkreuzten sich! Diese medialen Fähigkeiten werden auch von kontemplativen Meistern anderer Religionen berichtet. Das Versunkenheitsbewußtsein scheint solches zu fördern.

Bei der Intensität der gemeinsamen »Seelenarbeit« war es traurig für die junge Juana, dass ihr geistlicher Führer nach Segovia berufen wurde. Johannes wußte es. Während er im kalten kastilischen Winter eigenhändig die Klosterbauten vorantrieb, während er Verhandlungen führte zum Ankauf neuen Geländes, während seine Umwelt immer häufiger von Wundern flüsterte, vergaß Juan nicht seine andalusische Tochter. Am 28. Januar 1589 schrieb er ihr einen Brief, Zeugnis des tiefen Verstehens und seiner Sorge um das verlassene Beichtkind. Dieser Brief, der wegen unlesbar gewordener Stellen viel ungesicherte Restaurationsarbeit erforderte, sei hier nur gekürzt wiedergegeben: Johannes versteht und bedauert Juanas Klagen über Einsamkeit und mangelnde innere Orientierung, aber er empfiehlt

ihr auch einen engen brieflichen Kontakt mit ihm und erklärt ihr, dass aus ihren Leiden gesteigerte Gottesliebe erwachsen will. Er zeigt ihr das Ziel:

O Herr und großer Gott der Liebe! Wie reich machst du den, der einzig dich liebt und in dir sich freut, denn du selbst schenkst dich ihm und wirst eins mit ihm in Liebe.

Und er zeigt ihr den Weg:

Da es uns aber, wie unserem Geliebten, bis in den Liebestod hinein nicht am Kreuz fehlen darf, lässt er uns dort am meisten leiden, wo wir am tiefsten lieben. Doch alles das währt nur einen Augenblick, nicht länger als das Zücken des Messers – und Isaak bleibt am Leben, ja, zahllose Söhne werden verheißen. Es braucht Geduld, liebe Tochter, bis wir verstehen, dass unsere Armseligkeit uns hilft, dieses Leben zu verlieren, um in das ewige Leben mit seiner Seligkeit zu gelangen.

Liebestod

Die Anspielung auf das Opfer des Abraham[75] ist ermutigend, denn Abraham musste das Schreckliche nicht vollziehen, die absolute Bereitschaft zum Gehorsam genügte. Und das Verlieren dieses Lebens ist wiederum symbolisch gedacht, im Sinne des Jesuswortes: »Wer aber sein Leben um meinetwillen verliert, der wird es retten« (Lk 9,24). So ist auch der Liebestod gemeint, ein altes Troubadourmotiv, das der große mittelalterlich Katalane *Ramon Llull* in die spanische Mystik brachte[76]. Ein so völliges Aufgehen im Geliebten, dass es einem »Hinübergehen«, einem Sterben gleicht. Nicht zufällig hatten sowohl die heilige Teresa wie ihr Ordenssohn Johannes auf dem Refrain eines volkstümlichen Liebesliedes ein großes Gedicht erbaut, das von einer kaum noch erträglichen, aber verwandelnden Kraft der Liebe spricht, die erfahren wird als paradoxes »dass ich sterbe, weil ich nicht sterbe«[77].

Der zielbewusste Trostbrief des geistlichen Führers tat seine Wirkung. Sie ist abzulesen am zitierten Schreiben vom 12. Oktober, also etwa acht Monate später. Zunächst versichert Johannes Juana seiner sorgenden Liebe, spontan und unbefangen. Dann nimmt er das Motiv des früheren Briefes wieder auf: Das »Verlieren«, das für Juana jetzt zu einer umfassenden Realität, zum Gefühl der Gottverlassenheit und des Dunkels geworden ist, so dass es ihr »nicht am Kreuze fehlt«. Das Dunkel ist dann das Stichwort, das Johannes aufgreift und als eigentliches Thema des Briefes variierend »durchführt« wie eine Bach'sche Fuge. Und er zeigt der geistlichen Tochter behutsam, dass sie selbständiger werden muss, ohne dass er aufhört, menschlich für sie da zu sein.

Das Dunkel, von dem Johannes hier spricht, ist wieder eine »Nacht«. Es war schon mehrfach von Nacht und Nächten die Rede, deren Vielzahl zunächst verwirrt, weil die Bedeutungen sich überschneiden. Es sei darum wiederholt, dass Johannes weder als Philosoph noch als Schulmeister schreibt. Er versucht den unsagbaren Gehalt seiner Gedichte in immer wieder neuen Ansätzen und aus immer wieder anderen Perspektiven der umkreisenden Bewegung darzulegen.

Künstlerischer und theologischer Ausgangspunkt seines Nachtbegriffes ist *Dionysios Areopagita*, ein sich hinter diesem Namen versteckender Autor, der um 500 lebte und dessen Schriften so eindrucksvoll waren, dass seine »negative Theologie« auch in die Scholastik gelangte. Diese Theologie, die sich in der Bezeichnung »negativ« keineswegs erschöpft, geht aus von der Unerkennbarkeit Gottes, in der sich das Positive seiner absoluten Ursprünglichkeit und Überlegenheit ausdrückt. Dieses Positive überbrückt alle Gegensätze, so dass der unsäglichen Ferne auch eine unsägliche Nähe entspricht, unfassbar freilich auch diese.

Darum führt der einzig sichere Weg zu Gott durch Dunkel oder, poetischer und hoffnungsvoller ausgedrückt: durch Nacht. Die Nacht aber geht vorüber. Sie entspricht, das macht Johannes immer wieder spürbar, dem, was der Areopagit meint, wenn er sagt: »Lasst uns also jenes alles Sein übersteigende Dunkel erkennen, das sich unter dem Licht aller seienden Dinge verbirgt (...) und in diesem Dunkel: Gott«[78].

Nacht und Nächte

Das Sichüberschneiden der »Nachtarten« macht das Werk des Johannes oft seinerseits dunkel, wird aber verständlich, wenn man die verschiedenen Perspektiven bedenkt. Einerseits arbeitet Johannes mit einem abstrakten scholastischen Schema, das von dem Menschenbild seiner Zeit ausgeht. Der Mensch besteht aus einem »niederen« Teil, nämlich den fünf Sinnen und den eng daran gebundenen Fähigkeiten des Vorstellungsvermögens und der Phantasie. Und aus einem »höheren«, nämlich den schon mehrfach erwähnten drei Seelenvermögen: Verstand, Gedächtnis und Wille, die nach Augustinus in ihrer Dreiheit eine trinitarische Analogie oder »Spiegelung« sind und die Hinordnung des Menschen auf Gott nicht nur symbolisieren, sondern belegen. Diese Vermögen haben es im Leben schwer, denn sie sind auf Gott hin geöffnet, sie finden nur im Vollkommenen und Unendlichen wirkliches Genügen, und sie sind andererseits durch die menschliche Begrenztheit unfähig, von sich aus zu Gott zu gelangen. Dazu bedarf es, wie schon früher gesagt, schmerzhaft umwandelnder Prozesse, durch die der scheinbar absolute Abgrund zwischen Schöpfer und Geschöpf überbrückt wird. Denn philosophisch gesehen schließen beide einander aus, das Geschöpf ist nicht Gott und Gott ist nicht Geschöpf, alles Geschaffensein verhilft nur zu Spuren und Spiegelungen. Das tiefste Bedürfnis des Menschen will jedoch paradoxer- und beseligenderweise Gott selbst, will ihn aus erster und nicht aus zweiter Hand. Da klafft dann der Abgrund zwischen Wollen und Können.

Darum sind die Umwandlungen so hart, dass sie dem Tode gleichkommen, dem Kreuzestod Christi – Durchgang zum Licht der Herrlichkeit Gottes. Sie basieren auf Läuterungen, die schrittweise, aktiv und passiv zu vollziehen sind. Aktiv ist Johannes, der für seine Ordensleute schreibt, vor allem an der Läuterung der höheren Seelenkräfte interessiert. Der geläuterte Verstand wandelt sich in Glauben, das geläuterte Gedächtnis in Hoffnung, der geläuterte Wille in Liebe, wobei alle drei in einem sich gegenseitig stützenden Zusammenhang stehen. Passiv meint Johannes die geheimnisvollen Prozesse der Gotteinung, die an die Wurzel des Menschseins greifen, aus denen Unendliches erwächst. Das ist der Sinn von Kontemplation, die aus der wiederholten begrenzten Übung in Zuständlichkeit übergeht – anders ließe sich nicht von verwandelnder Kraft der kontemplativen Erfahrung sprechen.

Aus dieser Sicht gibt es dann drei dynamische Nächte, die im Grunde, wie Johannes selbst sagt, »nur eine einzige Nacht« sind (IS 2,5). Dabei spielt der Glaube eine zentrale Rolle, er ist das tiefe Dunkel der Mitternacht. Johannes erläutert: »Die Seele macht auf ihrem Weg zur Gotteinung eine Erfahrung des Überganges, die wir aus drei Gründen als Nacht bezeichnen können: Erstens vom Ausgangspunkt her, denn die Seele muss anfangs einen totalen Verzicht auf die Freuden und Genüsse dieser Welt leisten. Zweitens von der Mitte oder vom Weg her, den sie im Glauben gehen muss. Der aber ist ihrem Verstand eine sehr dunkle Nacht. Drittens weil Gott, das Ziel und Ende ihrer Wanderschaft, ihr in diesem Leben nicht mehr und nicht weniger ist als nächtliches Dunkel. Diese drei Nächte müssen durch die Seele ziehen, oder richtiger, die Seele muss durch die Nächte gehen, um zur Unio mystica mit Gott zu gelangen« (IS 2,1).

Der Glaube hat also auf diesem nächtlichen Weg eine zentrale Stellung und ist besonders dunkel, weil er sich auf den »Verstand« bezieht, d.h. auf alle geistigen Kräfte, die glaubend überschritten und in gewissem Sinne als unzureichend »vernichtet« werden. Das geistige Nichts ist schwerer zu ertragen als das sinnliche. Und die dritte Nacht als Nacht Gottes ist, so erläutert Johannes, darum nicht so dunkel wie der Glaube, weil in ihr das Gefühl der Verlassenheit hin und wieder von kurzen Gotteserfahrungen durchbrochen wird, denn Gott beginnt »im dritten Teil der Nacht die Seele schon mit einem Strahl seines göttlichen Lichtes zu erleuchten, das als übernatürliches den Beginn der vollkommenen Unio mystica verkündet« (IIS 2,1).

Warum ist nun der dunkle Glaube so zentral wichtig? Es geht hier nicht um Zustimmung zu den geoffenbarten Wahrheiten – diese

Zustimmung wird von Johannes vorausgesetzt – auch nicht um einen Glauben an sich, sondern um einen in Liebe gelebten Glauben. Um es mit Johannes selbst zu sagen: Der Glaube ist »für den Verstand das direkte und adäquate Medium, damit die Seele zur göttlichen Liebeseinung gelangen kann« (IIS 9). Ja, je mehr Glaube die Seele hat, um so mehr ist sie Gott geeint.

Der Blindenführer
Dass das möglich ist, liegt an dem göttlichen Offenbarungscharakter, denn im Glauben öffnet sich der auf die Eigenerkenntnis verzichtende Verstand dieser Offenbarung, die sich im Leben, Sterben und Auferstehen Jesu Christi, in der hiervon abgeleiteten Lehre der Kirche und auch ganz direkt als Wirken des Heiligen Geistes im kontemplativen Beten äußert.

Im Brief an die junge Juana, der ein Verständnis dieser Zusammenhänge durchaus zugemutet wird, verweist Johannes auf die Schrift und die Lehre der Kirche, denn Juana gehört keinem Orden an. Sie soll aufhören, mit dem Verstande Erhellungen und Erkenntnisse zu suchen, soll nicht rätseln und räsonnieren, sondern sich der Sicherheit des Dunkels anvertrauen, in der der Glaube den Blindenführer abgibt, wie es im *Aufstieg zum Berge Karmel* heißt[79]. Er ist Blindenführer durch seine Ähnlichkeit mit Gott, er überbrückt den Abgrund zwischen Können und Wollen, Vollkommenheit und Unvollkommenheit, Gott und Kreatur, denn er birgt in sich selbst die Gottheit.

Die eigentliche Umwandlung der Seele, dieses »Nachtprogramm« des Johannes, erfolgt durch die Liebe, die Gott, der das Bemühen »der Seele« sieht, in seiner Gnade schenkt, so dass die Ähnlichkeit schon im Erdenleben zur relativen Gleichheit wird. Zur Gleichheit im Wollen und Lieben, denn Mensch und Gott behalten wesenhaft auch in der Unio mystica ihre Verschiedenheit. Aber diese Gleichheit im Wollen und Lieben vollzieht sich mit Hilfe des Glaubens, der die höheren »Widersetzlichkeiten« des Unähnlichen wegräumt.

Es geht also in dem Brief des Johannes bei dem dunklen Glauben ebenso um Liebe und Hoffnung, die der Heilige ja auch erwähnt. Um es mit einem großen Theologen, *Hans-Urs von Balthasar*, zu sagen:»Glaube als Verlegung aller Wahrheitskriterien aus dem verstehenden Ich in das ewige Du, Hoffnung als Verzicht auf jedes rückgreifende Gedenken an weltlich tröstende Inhalte und Motive, Liebe als Übergabe des ganzen Eigenseins an den geliebten Gott. Diese dreieinige Haltung des liebend-hoffenden Glaubens und des glaubend-hoffenden Liebens bestimmt Juan nun aber zugleich als Gotteserfahrung (jenseits des › Psychologischen‹) und als zuständliche Kontemplation[80]«.

Das Dunkel des Glaubens gibt also, wie Johannes in seinem Brief betont, Sicherheit, weil der Verzicht auf selbsterworbene Verstandeserkenntnis vor Täuschungen bewahrt. Alles dieses erklärt Johannes seiner geistlichen Tochter in einem liebevoll-vertrauten Ton, nicht etwa in der Kühle der Scholastik: Gott könnte ärgerlich werden, wenn man seine guten Absichten verkennt, und Juana soll das Grübeln lassen, da es gut um sie bestellt ist. Der am Briefende erwähnte Pater *Juan Evangelista* ist der Sekretär des Johannes. Vielleicht ist es seiner Krankheit zu verdanken, dass wir diesen Brief vom 12. Oktober 1589 als *Autograph* besitzen. 1562 in Úbeda geboren, empfing er Weihnachten 1582 den Habit aus den Händen seines Priors Johannes vom Kreuz. Dieser förderte den begabten jungen Mönch, machte ihn zu seinem Sekretär, schließlich sogar zu seinem Beichtvater, der ihn in dieser Doppelfunktion auf seinen Reisen begleitete. Der Jüngere erwies sich der Freundschaft als würdig, stand später in allen Schwierigkeiten treu zu Johannes, aus dessen Leben er besonders wertvolle Details überlieferte. Er wurde Prior der Klöster von Alcandete (Jaén) und Granada, wo er 1638 starb.

Der Brief an Doña *Juana de Pedraza*, einer der dichtesten und schönsten des Heiligen, dieser Brief an eine weltliche Tochter, zeigt die Gültigkeit seiner geistlichen Führung. Er setzt dort an, wo wir uns angesichts der strahlenden Vollkommenheit Gottes der eigenen

Nichtigkeit bewusst werden, unserer »radikalen Ungöttlichkeit, Unnotwendigkeit, Überflüssigkeit«[81]. Gott leidet keinen Mangel, er braucht nichts. *Albert Görres* schreibt: »Diese Einsicht ist ebenso geeignet, zur huldigenden Anbetung zu entflammen – es ist wunderbar, dass es das von uns ganz und gar unabhängige Heilige und Vollkommene gibt – wie sie geeignet ist, Auflehnung, Ärgernis des Auch-Geistes zu provozieren, der seine Nichtigkeit vor dem Unendlichen, die leere, erfüllungsbedürftige Mitte seiner ›Wirklichkeit ablehnt, weil er sie unerträglich findet‹ (Freud)«[82].

Johannes weist den Weg zur huldigenden Anbetung, zum Glauben auf der Basis einer immer stärker entflammten Liebe. *Karol Wojtyla* sieht in der Ernennung des spanischen Klassikers zum Kirchenlehrer im Jahre 1926 vor allem die Bestätigung seiner Lehre vom dunklen Glauben[83].

Zum Brief an Ana de Jesús und die Unbeschuhten Karmelitinnen erübrigt sich die Erläuterung. Vgl. Anmerkungen 41 und 42, S. 193f.

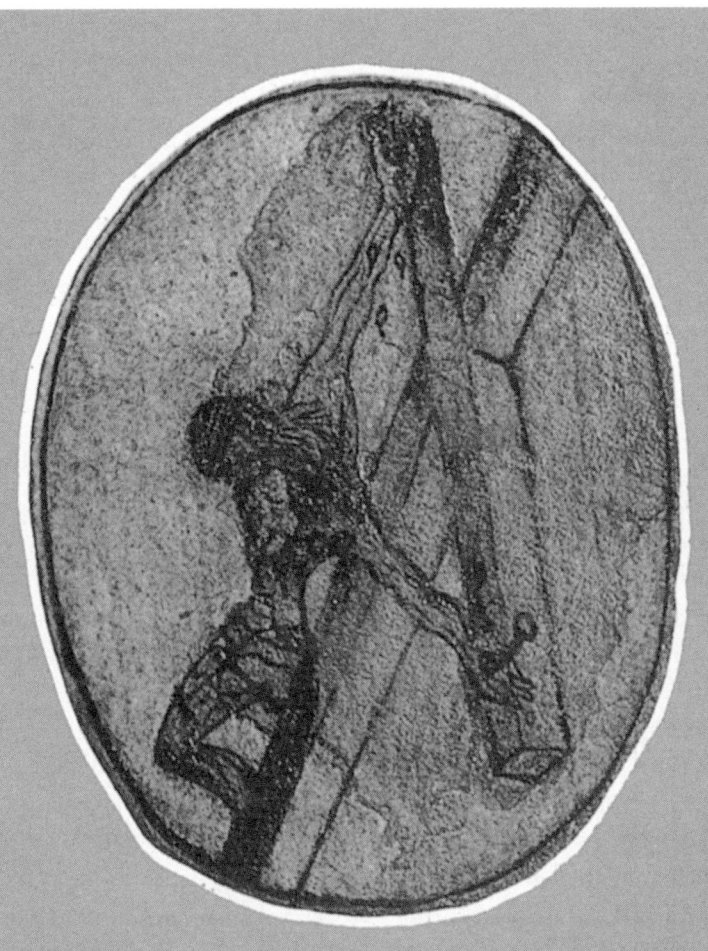

6
Kontemplation und Apostolat

Zur Rede zum Gründungsproblem
in Übersee

Ähnlich muss Johannes wirklich gesprochen haben, als es im
Oktober 1585 auf dem Ordenskapitel in Pastrana zu Meinungsverschiedenheiten über die missionarischen Aktivitäten in Übersee
kam. Johannes vom Kreuz, der hohe Posten nicht liebte, war jetzt
zweiter Definitor in der Ordensregierung, oder richtiger: in der
Kongregation, denn zu einem eigenen Orden wurde das teresiani-
sche Reformwerk erst 1593 erhoben. Im Mai hatte man bereits in
Lissabon getagt – Johannes sah hier zum ersten Male, nachdem er
kurz zuvor in Málaga das Mittelmeer kennengelernt hatte, den
atlantischen Ozean, was sein mexikanischer Chronist und Ordens-
bruder in der Bildlichkeit der Rede berücksichtigt – und er warnte
voraussehend Pater Jerónimo Gracián de la Madre de Dios, den
einstigen »Lieblingssohn« der Teresa von Ávila, vor der Missgunst
des Italieners Nicolao Doria. Dieser löste Gracián nun als spanischer
Provinzial im Amte ab und warf ihn sieben Jahre später nach langen
Kämpfen aus dem Orden. Gracián hatte sich immer leidenschaftlich
für das missionarische Apostolat eingesetzt.

DAS PROBLEM

Nicolao Doria wollte grundsätzlich keine missionarischen Aktivitäten, wollte Kontemplation allein, wollte nichts als »Observancia regular!« – das heißt die größte Strenge in der Einhaltung der Klausur zwecks ausschließlicher Kontemplation. Er war erst als reifer Mann in den Orden gekommen, verstand viel vom Bankwesen, beriet Teresa von Ávila in Gelddingen. Vielleicht suchte er zum Ausgleich besonders die so in den karmelitischen Mönchsklöstern bisher nicht übliche kontemplative Strenge. Seine rigorosen Umformungen des Ordens nach dem Tode der Teresa führten zu tiefen und tragischen Streitigkeiten.

Pater *Gracián*, ein heiterer, eher extravertierter Mensch, wollte das Erbe der Teresa sehr buchstäblich fortsetzen, also auch die Missionen. Sie hatte stets viel Interesse an Amerika gezeigt, teils, weil ihre Brüder nach Perú (Ecuador) ausgewandert waren, teils und vor allem, weil sie die Problematik eines andersgläubigen Kontinents erkannte und mit dem Gebet ihrer Klöster gerade die dort arbeitenden Priester unterstützen wollte. Das galt dann auch für den »Rest der Welt«. Schon etwa ein Jahr vor dem Tode der Heiligen hatte man mit ihrer Zustimmung Expeditionen nach Afrika gesandt. Die beiden ersten Schiffe liefen in Lissabon aus, erreichten aber leider nicht den angesteuerten Kongo: Havarie und Seeräuber bereiteten allem ein Ende. Erst das dritte Schiff kam an und brachte, wie Gracián meinte, missionarisch »reiche Frucht«. Auf dem Kapitel von Almodóvar 1583 wurde dann die Frage der Missionen offiziell und kontrovers verhandelt. Gracián setzte sich durch und wieder fiel das für den Kongo bestimmte Schiff englischen Seeräubern in die Hände. –

189

Viel akuter war aber für einen spanischen Orden die Frage der Missionen in den eigenen überseeischen Provinzen, denn das waren damals die neuen Länder in »Las Indias«, wie man Amerika noch nannte. Im Mai hatte man anlässlich des Kapitels in Lissabon auf die Initiative Graciáns die Entsendung Unbeschuhter Karmeliten nach Mexiko beschlossen, und Johannes vom Kreuz unterzeichnete den Beschluss in seiner Eigenschaft als zweiter Definitor. Nicht zur Freude Dorias! Auf dem Kapitel nun in Pastrana versuchte Doria diesen Beschluss rückgängig zu machen. Jeder der drei führenden Männer hielt seine Rede, zuletzt Johannes vom Kreuz. Dieser, der in seiner Haltung zwischen Gracián und Doria stand, setzte sich nach maßvollen Abwägungen doch für das Projekt ein. Er verstand es als dem Geiste der Ordensmutter Teresa immerhin näher als die ausschließliche Kontemplation, wie sie Doria vorschwebte und was dem Johannes zudem gegen die Nächstenliebe zu verstoßen schien. Zugleich konnte er so Grundsätzliches sagen zum Ordensgeist und über die notwendige Harmonie zwischen Observanz und Apostolat oder Kontemplation und Aktion. Seine Ratschläge zeigen wie üblich Augenmaß und Rücksicht auf die Belange der Mitmenschen.

Natürlich wurden zu den Reden Notizen gemacht, die Pater *Agustín de la Madre de Dios* sammelte und später für seine Schrift *Tesoro escondido en el santo Carmelo mexicano*, fol 61-69 festhielt[84]. Es sei auch daran erinnert, dass Johannes vom Kreuz am Ende seines Lebens, als die Intrigen gegen ihn zunahmen, nach Mexiko wollte[85]. Dort bewahrte man ihm auch, die Chronik zeigt es, ein dankbares Gedenken.

Anmerkungen

VORWORT

1 Cántico espiritual 6,4-5. Die Werke sind übersetzt aus San Juan de la Cruz, Doctor de Iglesia, Obras completas, Biblioteca de Autores Cristianos, Madrid 1994. Dabei werden für die einzelnen Titel meist die üblichen Abkürzungen benutzt. S = Subida, N = Noche, C = Cántico, L = Llama; wo B hinzugesetzt ist, bedeutet es die zweite, spätere Fassung.
2 Cántico 36, 7-8 und 13.

DIE TEXTE

1 Ich danke Frau Dr. Amelia Tejada, Juan de la Cruz-Kennerin »von Kindesbeinen an«, für Gespräche, die mir Mut und Sicherheit gaben. Denn solche Aphorismen, Sprüche, Weisungen sind wie lose herumrollende Perlen. Es fehlt der Halt gebende Faden des Kontextes.
2 Der Prolog entstammt einem Manuskript, das im Archiv des Paters Silverio in Burgos aufbewahrt wird. Er gehört also nicht zum Autograph, wohl aber zu dessen Inhalt. Auch findet sich darin der vom Heiligen selbst gegebene Titel »Dichos de luz y amor«. Auf der ersten Seite ist vermerkt : »Diese kleine Abhandlung gab unser Vater Fray Juan de la Cruz der Mutter Francisca de la Madre de Dios in Beas«.
3 Vgl. die Faksimile-Edition Nr. 1-79. Die Zählung der Übersetzung folgt der allgemein zugänglichen Edition der Biblioteca de Autores Cristianos, Band 15, Edición crítica 14/1994, 1-78. Diese ihrerseits folgt der Anordung des Paters Silverio a Santa Teresa in Biblioteca Mística Carmelitana 13, aber zur besseren Übersichtlichkeit mit durchgehender Nummerierung. Alle Texte des Manuskripts von Andújar wurden von mir mit dem handschriftlichen Original, das keine Nummerierung hat, verglichen.
4 Vgl. Weish 1,2.

5 Die Wortbedeutungen *venas* und *descansar* waren nicht die heutigen.

6 Vgl. Joh 3,6; 1,13; 1Joh 2,16.

7 Anspielung auf die damalige Vorstellung vom Gottesgnadentum des Königs.

8 Das Wortspiel mit zweimaligem *doquiera* und *quiero* ist kaum zu übersetzen.

9 Im unzugänglichen Lichte wohnt, vgl. 1Tim 6,16.

10 Vgl. Nr. 205.

11 Läuft in den maßgebenden spanischen Editionen weiter unter »Weisungen des Lichtes und der Liebe«. Hier zunächst das Ms. von Burgos und Edition von Gerona (1650).

12 (Reg. Carm A 73).

13 *Mortificación*.

14 Wörtlich »Nacktheit«. Das Wort ist beheimatet in der Sufimystik. Vgl. A. Schimmel u.a. Meine Seele ist eine Frau. Kösel, München 1995. Bei Juan ein Schlüsselwort durch die Nacktheit Christi am Kreuz.

15 Vgl. Autograph Nr. 35.

16 Vgl. den noch ausführlicheren Text in: Cántico espiritual B, 15,24. Wie Luce López-Baralt zeigte, findet sich dieser einsame Vogel mit seinen fünf Eigenschaften bei islamischen Dichtern, vor allem bei dem Perser Sih al-Din Yahaya ibn Habas ibn Amirak al-Suhrawardi, geb. 1130. Woher Johannes vom Kreuz diesen Text genau kannte, bleibt ungeklärt. Vgl. Huellas del Islam en la literatura española, S. 59-72.

17 Ende des Manuskripts von Burgos (eine Ausnahme war Nr. 105= Ed. von Gerona.). In der Abschrift von Burgos steht am Ende: Dieses ist von unserem verehrten Vater Fray Juan de la †.

18 Hier beginnt die Edition von Gerona, (1650). Bis Nr. 158.

19 vgl. Ruth, 3, 4ff.

20 Das erste Wort »desancillar« gibt keinen Sinn. Alle modernen Editionen machen verschiedene Korrekturvorschläge. Ich folge hier der Edición de Espiritualidad, Madrid, die »desencandilar« liest, was am besten in den Kontext passt. Wörtlich »entblenden«. In dieser Edition hat der Aphorismus die Nummer 137.

21 Avisos – Ratschläge – überliefert von der Mutter Magdalena vom Heiligen Geiste.

22 Joh 4,34.

23 Wörtlich: Bemühe dich um Nacktheit. Der Effekt ist in Verbindung mit dem Rezept gegen Wollust zu komisch.

24 Identisch mit 79.

25 Für einen Mönch, der unerlaubt gepredigt hatte.

26 Weitere Ratschläge (Manuskript von Antequera).

27 Die meisten dieser von zuverlässigen Zeitgenossen vernommenen Ausprüche hatten im Seligsprechungsprozess Geltung, der ab 1613 im Orden vorbereitet wurde. Auch die ersten Biographien überliefern Glaubhaftes, vgl. Biblioteca Mística-Carmelitana V und Lucinio Ruano de la Iglesia in: San Juan de la Cruz, Obras completas, BAE 14/1994 (kritisch überarbeitet, vgl. Anmerkung 3).

28 Überliefert durch Jerónimo de San José, Historia del Venerable Padre Fr. Juan de la Cruz, Madrid 1641, lib.IV, cap. 12, 436.

29 Geschrieben 1578-79 in Granada, urspr. für die Mönche des Calvario-Klosters, wo Juan Prior war. Später auch den Schwestern in Beas de Segura zugedacht.

30 1Sam 15,22.

31 Ort, Datum und Empfänger unbekannt.

32 Anrede im Karmelorden für Nichtpriester.

33 Vgl. 1 Petr 1,7.

34 Vgl. Mt 11,30.

35 Mt 12,36; Röm 2,6.

36 Im selben Ms. vielleicht für denselben Empfänger.

37 Ich habe es wegen der gemeinten Bedeutungsweite gewagt, die scholastische »Begierde« (apetito) mit Sehnsucht zu übersetzen.

38 Johannes führt hier das Jesajazitat fort, das lautet: »Auch wer kein Geld hat, soll kommen. Kauft Getreide und eßt, kommt und kauft ohne Geld, kauft Wein und Milch ohne Bezahlung!« (Jes 55,1).

39 Wörtlich »como a la sombra« = »im Schatten speise«. Redensart in einem Lande, das unter Sonnenglut leidet. Vgl. den sehr erheblichen Irrtum einer verbreiteten Übersetzung »gleich einem Schatten«: die Verbform wurde als Adverb missverstanden.

40 Der Heilige meint: in das Dunkel des Glaubens, des Hoffens und Liebens.

41 Ana de Jesús war hinsichtlich Intelligenz, Bildung und späteren Gründungsaktivitäten die Nachfolgerin der Teresa von Ávila. Juan de la Cruz widmete ihr seinen Geistlichen Gesang. Mit dieser schönen Frau und ihren Nonnen verband ihn eine echte Freundschaft.

42 Dieser Brief wird in den Erläuterungen nicht kommentiert, weil er selbst schon ein Kommentar des Johannes zu seinen Leitgedanken ist.

43 Diese Rede ist unter dem Titel *Pensamiento acerca del espíritu de la reforma* – Gedanken über den Geist der Reform – in der 14. und bisher »kritischsten« Edition der Biblioteca de Autores Cristianos 15, Madrid 1994 abgedruckt (und früher schon einmal in der 4. Auflage der Obras completas von 1960). Bisher unbeachtet und unübersetzt, spiegelt diese erfundene Rede doch sehr gut den Geist und die Meinung des Johannes wieder. Vgl. Erläuterungen Nr. 6.

44 Mai 1583, die Reformerin Teresa von Ávila lebte noch und begünstigte die Mission, damals in Afrika.

ERLÄUTERUNGEN

1 Vgl. Edition BAC, a.a.O., Einleitung zu den Dichos, 148, und Zeugen zur Seligsprechung, María de la Encarnación: »Der Pater Nicolao Doria (Ordensoberer) sagte, die Worte des Johannes vom Kreuz seien wie Pfeffer, der den Appetit anregt und dem Magen Wärme verleiht.« Biblioteca Mística Carmelitana V, 219. (Vgl. auch »Pfefferkörner« ibid. 257.)

2 Übersetzung aus: Johannes vom Kreuz, Lebendige Flamme der Liebe, herausgegeben und übersetzt von Erika Lorenz. Die spanischen Editionen bringen als Llama B die zweite, vom Autor erweiterte und überarbeitete Fassung.

3 Vgl. Weish 1,2.

4 José Ortega y Gasset, Gesammelte Werke III, Der Aufstand der Massen, Stuttgart 1956, 114 f. (Neuauflage 1993, span. Original 1930)

5 Vgl. den Schluss des Kapitels Perspektiven.

6 Mk 9,5.

7 Entréme donde no supe ...toda sciencia trascendiendo.

8 Vgl. LB 2, 13.

9 Vgl. Cántico 8,3.

10 Vgl. Weisungen Ms. von Gerona 158.

11 Vgl. oben S. 25 Nr. 34.

12 Cántico espiritual B 1,11

13 I. Behn, Johannes/Einsiedeln 1964 und 1982(?).

14 P. Aloysius ab imm. conceptione OCD, Kösel, München 1929, 7.
     Aufl. 1979.

15 Vgl. Ps 37,4 und Mk 7,28; Lk 16,21.

16 Vgl. 2N 18,2.

17 Vgl. Apostelgeschichte 17, 22-31. Paulus erwähnt hier den Altar in
     Athen mit der Aufschrift »Dem unbekannten Gott« und sagt: »Was
     ihr verehrt, ohne es zu erkennen, das verkündige ich euch.« Und er
     hebt hervor, Gott sei keinem Menschen fern: »In ihm leben wir,
     bewegen wir uns und sind wir«.

18 Einheitsübersetzung: »Windhauch, Windhauch, sagte Kohlet, Wind-
     hauch, Windhauch, das alles ist Windhauch«. Ich zog für das obige
     Zitat den lateinischen Vulgatatext dem »Windhauch« der Ein-
     heitsübersetzung vor – das ist einfach zu viel Wind! Andererseits
     wird heute auch das Wort »eitel« leicht missverstanden, was wohl
     den »Windhauch« hervorrief.

19 Das »Carpe diem«, nütze den Tag! Geistlich: Nütze das kurze Leben!

20 Span. trabajo.

21 Vgl. Alonso de la Madre de Dios (1568-1635), Vida, virtudes y
     milagros del santo padre fray Juan de la Cruz, gedruckt zuerst ano-
     nym in Rom 1625. Neu bei Editorial de Espiritualidad, Madrid 1989,
     330.

22 Vgl. die Berichte zur Seligsprechung, a.a.O. und im dieser Überset-
     zung zugrunde liegenden Band der Biblioteca de Autores Cristianos,
     a.a.O, 171-173.

23 A.a.O. 115, vgl. Kapitel »Die Aphorismen oder Weisungen«.

24 Vgl. A. Schimmel, Meine Seele ist eine Frau, München 1995, 148.

25 Original: »an den Schwestern«. Johannes spricht zu einer Schwester
     in Beas de Segura. Vgl. Text »Ratschläge der Liebe«, Anmerkungen.

26 Vgl. Juan de la Cruz, Obras BAC a.a.O., Fußnoten Seite 77.

27 Vgl. Özelsel: Vierzig Tage, Erfahrungsbericht einer traditionellen
     Derwischklausur, Hamburg1993, 39. Das Bekanntsein dieser wohl
     irrtümlich dem Propheten zugeschriebenen Paradoxie schon in der
     frühen Sufimystik des 8. Jahrhunderts bestätigte mir Professor An-
     nemarie Schimmel in einem Telefonat am 30. Juni 1996.

28 Vgl. E. Lorenz: Wort im Schweigen, Freiburg 1993, und Praxis der
     Kontemplation, München 1994.

29 2S 22,6.

30 CB Prol 2.

31 Vgl. Mt 7,3.

32 Ich übernehme diese Wortbildung aus dem Spanischen, das sie in diesem Zusammenhang dem »theologischen« vorzieht.

33 Vgl. Textteil Anmerkung zu Dicho Nr. 205.

34 Vgl. 2S 4,11, CA 13,24, CB 15,24 und Bericht über verlorengegangenen Traktat des Heiligen in Archivo de Carmelitas Descalzas de Jaén, fol. 7r.

35 Wie Luce López-Baralt zeigte, findet sich dieser einsame Vogel mit seinen fünf Eigenschaften bei islamischen Dichtern, vor allem bei dem Perser Sih al-Din Yahaya ibn Habas ibn Amirak al-Suhrawardi, * 1130. Vgl. Huellas del Islam en la literatura española, 59-72.

36 Vgl. die zitierten Bücher von Annemarie Schimmel und Luce López Baralt. Frau Schimmel war so freundlich, mir ihre noch unveröffentlichte Übersetzung des obigen persischen Originalabsatzes zu senden. Der Vergleich bestätigte das im Text dazu Gesagte. Goytisolo hielt sich nicht sklavisch, aber doch sehr nah an das Original. Er verstärkte durch die Wortwahl noch das Poetische.

37 Juan Goytisolo, Las Virtudes del pájaro solitario, Barcelona 1988, 169.

38 Vgl. Annemarie Schimmel, Mystische Dimensionen des Islam, Köln 1985, 426-437.

39 A.a. O. 59. Vgl. meine diesbezüglichen Anmerkungen in meiner Übersetzung von: Johannes vom Kreuz, Lebendige Flamme der Liebe, München 1995, und in »Meditation« 3, 1995 »Das mystische Sprechen des Johannes vom Kreuz in der Lebendigen Flamme der Liebe« 104-107.

40 AlbertGörres / Karl Rahner, Das Böse, Freiburg 1982, 36.

41 Man vergleiche die dreimal drei Engelchöre des Dionysios Areopagita: Trinitarische Potenzierung.

42 Vgl. in »Die Aphorismen oder Weisungen« das erste Kapitel.

43 Johannes unterscheidet zwischen deudos – Verwandten – und parientes: nahen Verwandten, vor allem in direkter Linie.Vgl. Covarrubias, Tesoro de la Lengua Castellana, Madrid 1611.

44 Vgl. 1 Kor 7, 29 f.

45 Nr. 68.

46 Vgl. Mt 13,24-30.

47 Ich liebe das Wort »Laie« nicht wegen seiner semantischen Nähe zu »Amateur« und »Idiot«.

48 Vgl. 1 Sam 15,22.

49 Der Aufstand der Massen, a.a O. 117.

50 A.a.O.98.

51 Vgl. Mk 10,18.

52 Compend. theol I, 114; zit. bei Görres a.a.O. 38. Görres seinerseits bezieht sich auf Robert Edward Brennan, Thomistische Psychologie, Graz-Wien-Köln 1957.

53 Schon Seneca sagte: *Mühe dich darum, nie etwas unwillig zu tun. Nicht wer auf Befehl etwas tut, ist unglücklich, sondern wer es widerwillig tun muss* (Von wahrer Lebenskunst München o.J., 75).

54 Vgl. Dichos Nr. 173 und 135.

55 Mt 5, 38.

56 Vgl. Dichos Nr. 2 und 1 Joh 4,19.

57 Gewiss war das Menschenbild des Johannes vom Kreuz vor allem noch der neuplatonischen und scholastischen Theologie verpflichtet, vgl. Robert Edward Brennan, Thomistische Psychologie, Kerle/Styria, Heidelberg/Graz 1957. Darío Gutiérrez Martín jedoch zeigt die Psychologie des Johannes selbst, wie er sich auf der Basis der Kenntnisse seiner Zeit zu einem gottfähigen Menschen durcharbeitete: San Juan de la Cruz, su personlidad psicológica, Ed. Paulinas, Madrid 1990. Der Autor verfolgt, wie aus den theologisch-philosophischen Vorgaben der »Person« sich durch Erfahrung die Persönlichkeit gestaltet.

58 Anrede im Karmelorden für Nichtpriester.

59 Francisco de Osuna, ABC des kontemplativen Betens, Herder [3]1994, Herausgegeben und übersetzt von Erika Lorenz, S. 121-125.

60 VI Moradas del castillo interior 10,8.

61 Lebendige Flamme der Liebe, herausgegeben und neu übersetzt von Erika Lorenz, Kösel, München 1995, S.92.

62 Vgl. 1 Petr 1,7.

63 Lebendige Flamme der Liebe, a.a. O. 143 = LB 3, 58-59.

64 Vgl. Görres im Kapitel *Richtlinien.*

65 Dieser Aufsatz wurde zuerst gedruckt in »Theologisches«, Heft 26.6, Juni 1996.

66 Görres a.a.O. 45.

67 Görres a.a.O. 20.

68 Vgl. Görres a.a.O.,20.

69 Carl Albrecht, Psychologie des mystischen Bewusstseins, Mainz [2]1976, 243.

70 Vgl. Kapitel *Perspektiven gelingenden Lebens*, Bindung und Freiheit.

71 Hier folgen lateinische Zitate.

197

72 Vgl. Albrecht 214.

73 Zitiert bei Gerald Brenan, San Juan de la Cruz, Barcelona 1974 (engl. Original 1973).

74 Die Beschreibung entspricht dem Bild auf Seite 179 dieses Buches, das auch von mehreren Zeitgenossen erwähnt wird. Heute in Granada. Der Heiligenschein wurde später hinzugefügt.

75 Vgl. Gen 22,1-18.

76 Vgl. Ramon Llull, Das Buch vom Freunde und vom Geliebten (E. Lorenz), Artemis [1]1988, Herder [2]1992.

77 Vgl. hierzu Aphorismus 170 (Fragen der Liebe) und die Erläuterung in *Perspektiven*, Verlust und Gewinn.

78 Dionysios Areopagita, Ich schaute Gott im Schweigen, (Volkmar Keil), Freiburg 1985, 58f.

79 IIS 1,2.

80 IIS 14,6 und Hans Urs von Balthasar: Herrlichkeit II, 2, Einsiedeln [2]1969, 493-495).

81 Görres a.a.O. 72.

82 Ibid. 73.

83 Vgl. Karol Wojtyla, *La fe según San Juan de la Cruz*, Madrid [3]1979, 6. Originaltitel dieser Dissertation: Doctrina de fede apud S. Joannem a Cruce.

84 Das Original wird verwahrt in New Orleans, Tulane University of Louisiana, Nr. 12817. Vgl. hierzu P. Crisógono de Jesús, Vida de San Juan de la Cruz, Kapitel 17. (In BAC 15, Madrid 1946, viele weitere Editionen und Übersetzungen).

85 Vgl. Vorwort zu meinem Buch *Das bewegte Leben des Johannes vom Kreuz*.

Legende zu den Abbildungen

S. 2: Porträt des Johannes vom Kreuz. Stich von Adrien Melaer (17. Jh.) nach einer authentischen Kamee im Kloster von Troyes.

S. 10: Karte der Orte, in denen sich das Leben des Johannes vom Kreuz abspielte. Ein dichtes Netz von Städten und Klöstern in Kastilien und Andalusien, aber auch Murcia und sogar Portugal sind einbezogen.

S. 16: Vorderseite des Autograph-Einbandes, Purpur mit Goldstickerei, die Königsfarben für Jesus Christus. Ihm sind letztlich die Weisungen gewidmet, die, wie das Vorwort sagt, uns helfen sollen, ihm ähnlich zu werden.

S. 18: Die erste Seite im Autograph: Dichos – Weisungen des Lichtes und der Liebe – Nr. 1-4. (Das Vorwort wurde in einem nichtautographischen Ms gefunden). Johannes machte in seiner sorgfältigen Niederschrift keinen Gebrauch von den üblichen Kürzeln. Die Orthographie zeigt klassische Bildung.

S. 27: Landschaft in Nordkastilien, wie sie Johannes aus seiner Kindheit kannte. Später wanderte und reiste er zu Fuß oder per Maultier auf solchen Pfaden.

S. 34: Die letzte Seite im Autograph. Dichos Nr. 78 (Im Original beschädigt).

S. 46/47: Kastilischer Alltag – Küche in Teresas erstem Gründungskloster San José (Ávila). Von hier aus wurde Johannes bei seinen Besuchen beköstigt.

S. 56: Römische Brücke und maurische »Mezquita« (Moschee erbaut 780-87) von Córdoba, dem einstigen geistigen Mittelpunkt eines gewaltigen Emirats und Kalifats. Johannes gründete 1586 in der Stadt ein Kloster und wurde während der Bauarbeiten von einer zusammenstürzenden Mauer begraben. Dass ihm dabei nichts geschah, gilt als eines der Wunder seines Lebens.

S. 66: Der Löwenhof in der Alhambra (Granada). Das Kloster »Los Mártires«, in dem Johannes als Prior zwischen 1582 und 1588 den Großteil seiner Werke schrieb, liegt oberhalb der Stadt auf einem Hügel, den nur eine schmale Schlucht von der maurischen Burganlage trennt.

S. 75: Wirtshaus in Puerto Lápice (La Mancha nordöstlich von Ciudad Real). Hier könnte Johannes auf seinen mehrfachen Reisen zwischen Kastilien und Andalusien vorbeigekommen sein. Eine Generation später läßt Cervantes den Don Quijote vermuten, dass solche geheimnisvollen Aufgänge doch eigentlich in ein Schloss führen.

S. 86: Ziegen und Schafe gehören in die karge Landschaft Kastiliens, die Johannes bei Sonnenglut oder klirrender Kälte durchstreifte.

S. 92: Rückseite des Autograph-Einbandes. Die Buchstaben deuten auf die Muttergottes, da der Karmelitenorden ein marianischer ist. Johannes ist der Maria biographisch eng verbunden, erwähnt sie jedoch kaum in seinem Werk.

S. 103: Sprechgitter im Menschwerdungskloster zu Ávila, dem karmelitischen Eintrittskloster der Teresa von Ávila. Hier wirkte Johannes von 1572-77 als Spiritual, bis ihn die gegnerischen Mönche entführten und in Toledo gefangensetzten. Das doppelte Sprechgitter war für ihn und die Schwestern das Instrument der Kommunikation. Zeugenberichte und Legenden kreisen um die Gespräche zwischen Teresa und Johannes durch dieses Gitter.

S. 118: Stadtmauer von Ávila mit Glockenturm. Die Ringmauer wurde gegen die »Sarazenen« errichtet und war nach 9 Jahren Bauzeit 1099 mit ihren 2,5 km Umfang vollendet.

S. 131: Farbige Kacheln und pflanzliche Steinornamente sind in Spanien bis heute Zeugen des maurischen Kunstsinns. Im Werk des Johannes vom Kreuz treten immer wieder detaillierte Kenntnisse der moslemischen Sufimystik hervor, erstaunlich und bis heute unerklärt.

S. 143: Windmühlen in der Mancha, wie sie Don Quijote »bekämpfte«. Juan ritt hier 1578 auf seinem Weg von Toledo nach Jaén vorbei, wo er im Kloster »El Calvario« für einige Monate den Prior vertreten sollte.

S. 161: Andalusische Impression am Stadtrand von Ronda.

S. 169: Alhambra (Granada), Ornamente an den Säulen des Löwenhofs. Die »katholischen Könige« Isabel und Fernando leiteten gleich nach der Rückeroberung des maurischen Königreichs Granada (1492) Restaurationsarbeiten für die Alhambra ein, die durch vorangehende intermaurische Kriege großen Schaden genommen hatte. Seitdem bemühen sich – mit beklagenswerten Ausnahmen im 19. Jahrhundert – die spanischen Regierungen um Pflege und Erhaltung der märchenhaften Gebäude.

S. 179: Ein auf Holz und zu Lebzeiten des Johannes gemaltes Porträt (44x34 cm) in Granadas arkadischer Landschaft, das im Karmelitinnenkloster zu Granada verwahrt wird. Es gleicht der Beschreibung des kleinen Porträts, das Juans geistliche Tochter *Juana de Pedraza* (vgl. Brief) von ihm besaß, wie Augenzeugen berichteten. Valentín de San José, ein spanischer Experte, schreibt 1942 in der »Revista de Espiritualidad«: Wenn es sich auch um kein großes Kunstwerk handle, wirke es doch so mystisch, so sanft, so spirituell, dass darin die ganze Seele des Johannes zum Ausdruck komme. Das Gesicht zeige die gleichen Züge, sei aber vergeistigter als auf den bekannten Gemälden von Segovia und Valladolid.

S. 187: Der Gekreuzigte, Federzeichnung des Johannes während seines Aufenthaltes im Menschwerdungskloster zu Ávila. 5,7 x 4,7 cm. Die Zeichnung regte Salvador Dalí zu seinem »Christus des Johannes vom Kreuz« an.